mark

這個系列標記的是一些人、一些事件與活動。

# 快樂女人不會老

國民奶奶

譚艾珍的瀟灑人生

# 我阿母，快樂又自在，有時還會上電視

推薦序——歐陽靖

從小就常有人問我：「對於媽媽是明星有什麼感覺？」

老實說，真的沒感覺，我認為她就是一個在電視台上班、工作內容是「演搞笑短劇」的人。她跟大家一樣天天搭公車、遛狗散步、去菜市場買菜，只是街頭巷尾都會主動跟她打招呼。她並沒有賺大錢，我們家境也不優渥……對，或許她的朋友都是些張小燕、巴戈、顧寶明之類的名人，但對我來說這些人就是普通的叔叔伯伯阿姨、就是父母的朋友，跟隔壁鄰居完全沒差別。

直到上小學時，因為媽媽是名人讓我被同學妒忌霸凌，我才意識到「媽媽是明星」這件事對大部分人來說並不正常……但後來更讓我覺得不正常的，是我媽媽的人生態度，她對於「明星光環」與物質生活的不在意跟豁達程度超乎凡人想像。她是個完全沒有物慾，因此也不願意冒險過日子的人，與其為了賺大錢去海外發展，或是為了得獎而投入在經典作品之中，她寧願拿少少薪水，輕鬆而節儉地過日子。

她曾學過服裝設計，也會專業的打版剪裁，但她對於購買名牌毫無興趣，甚至連LV的商標都不認識。她常跟身家百億的企業家、名人政要一同出席記者會，但總是搭公車回家，還因為敬老車票有優惠而開心不已。

能吃飽就很感恩，而有餘力就去幫助別人。但之所以會造就她這樣的人格特質並非由於出生平凡，卻是因為人生經歷了太多波折，才知道踏實平靜的重要性。舞台經歷從黑白片橫跨偶像劇，身為台灣大街小巷都熟識的「好媽媽、好太太、好婆婆」（出自於她的經典感冒藥廣告），大家對於譚艾珍自己的故事卻所知甚少。

身為女兒，我一直鼓勵她說出自己的故事，畢竟鮮少有年近七十歲的單身「老女人」能活得如此心安自在，甚至樂於談論生死。

當然，她見過的大風大浪可不少，但影響她最深的當屬另一名「老女人」，就是她的母親，也是我的外婆。

我的外婆跟當初許多從中國來到台灣的長輩一樣，經歷過國共戰爭大時代的悲歡離合，但外婆是個充滿韌性卻也很「任性」的女人，她不在意別人的想法或觀感，完全依照自己喜歡的方式過活，甚至可以說是有點「叛逆」。她特別的人生觀對我媽媽產生了重大影響，這也是因此她在這本書中對於自己的母親有諸多著墨。

外婆的故事簡直如同電影劇本般精彩，說她辛苦嗎？當然辛苦，但懂得「轉念」卻使她以笑容填補了人生空缺……直到九十幾歲壽終正寢後，她的種種依然影響著我媽媽與其他兄弟姐妹。

身為一名出過好幾本書的作者，我一直都在鼓勵媽媽出書、說自己的故事，但她總是拒絕，因為她只想做對別人有幫助的事情，直到幾年前我們一起去學習了「量子轉念引導術」，才了解分享經歷其實可以帶給人啟發。

每個人都會老，而該怎樣化解過去的創傷印記讓自己快樂迎向老年？無論是像我媽媽一樣的老女人、像我一樣的中年女人，或是年輕人、男人……我們都該好好研究這門功課。就像外婆影響了她一生，媽媽的生命故事勢必也將帶給我跟讀者永遠的、正面的啟示。

# 前言

譚艾珍

我希望在黃昏歲月的金色年代能過得自在快樂，其實這也是大家進入老年期的願望。首先我必須要做到「**放手**、**放心**、**放下**」，身為母親的我要做到這種境界並不容易，但這是我的目標。

對兒孫要放手，養兒不是用來防老的，生養孩子是讓他們有機會探索體驗這麼大的宇宙，能有機會利益世界。

我喜歡證嚴上人的這句話「**以祝福代替擔心**」。把心安住產生祝福的能量，不論孩子在世界哪一個角落都會感受到長輩穩定的祝福。

然而放下雜念是最困難的功課，面對負面情緒默默地產生有時候還真是無能為力啊！

百分之九十五的人在生命旅程中一定會有創傷經驗，無關事件大小，而是在於當下心中的感受。隨著時間及不斷的生活考驗，使得許多的創傷印記被深藏在內心，幾乎忘了創傷感的存在。

當我們年老體衰身心抗體都變弱時，這些曾經令人感到痛苦的創傷印記會不自覺地冒了出來，默默地侵蝕著情緒，偏偏老年人的覺知力較弱，只能隨著情緒逐漸低落而影響著生活與健康。因此學習如何觀照內在意識及如何面對排解困擾的事件，是進入老年期的人很重要的功課。

# 目次

# 我媽的三段婚姻

愛情到底是什麼呢？

我已經快七十歲了，我們這一代人講愛情這種羅曼蒂克的題目好像多少有點尷尬，但如果說起我媽的三段婚姻，我得說，我媽是個深深明白愛情、義氣與人生三昧的女人。

我媽媽在第一次婚姻裡有了我大哥，來臺灣再嫁我爸，生了我跟兩個弟弟，爸爸媽媽離婚後，媽媽跟我繼父生了我小妹。我是我媽的長女，卻不是我爸的第一個女兒，我爸在老家也有過一次婚姻，我原本還有兩個異母姐姐的，長大後兩岸開放有長輩回家鄉，我托長輩幫忙打聽，卻只找到我們的小姐姐，爸爸的原配把小姐姐留給長工撫養，自己帶著大姐逃回山西娘家，沒想到最後竟雙雙在路上餓死了。

我的身世在大時代裡並不算特別，但我媽媽卻是個很特別的女人，她從戰亂裡走過來，到了臺灣，一生結過三次婚，她強悍又幽默，喜歡開玩笑，晚年還曾偷偷跟我說：「我越嫁越差囉。」

我知道她這是在調侃自己，並非事實，因為我的繼父人品很好，除了包容、照顧我們這些孩子，跟我媽相處得也不錯。

我媽的三段婚姻，還是跟我爸那段最慘烈，我們幾個孩子都身受其害。起先只是因為爸爸工作調動的關係，光是幼稚園我就讀了兩三所，後來爸爸帶著弟弟到臺東工作，夫妻分隔兩地，此後就只有誤會，沒辦法溝通了。爸媽正式離婚後，沒過幾年安定的生活，爸爸又從媽媽身邊把我搶過去，我被迫離開母親，輾轉寄居在不認識的人家裡，從嘉義到宜蘭。也住過南機場人口稠密的低窪地區、住過羅斯福路汀州路口（和平東路附近）、廈門街、淡江中學、高雄、信義路東門、光復南路、菸廠宿舍……好多地方。

小學念了三所、初中念了三所、高中沒有畢業……，這種不安定的成長過程，在我心裡埋下很多創傷印記。直到十六歲那年我才回到母親身邊，我的繼父慨然答應照顧我，後來父親重病，兩個弟弟也被繼父接來同住，繼父就像個安全網一樣，把我們幾個兜在一起。

我們手足五人，雖然不是同一對爸媽生的，但因為媽媽對我們一樣的好，所以我們五個特別親。不過我們也心知肚明，媽媽待我們的心一樣，但她對三任丈夫的愛大有不同，我弟弟就曾經當面對我哥開玩笑說：「我媽應該是比較愛你爸爸。」此話一出，兩兄弟哈哈大笑。當然啦，因為我大哥的生父，是個傳奇的國民黨軍團團長，英俊又有才華，連名字都比別人酷，叫做葉烈南。

從當年的照片上看來，兩人看起來是那麼年輕、快樂，兒子剛出生，正是鮮花盛開一樣的日子，只是身在大時代，沒人能逃過生離死別，當時葉團長對政治局勢已經有些覺悟，所以他讓我媽帶著我外婆、我阿姨，以及家裡貴重的財物，到臺灣安頓下來，葉團長的軍團卻在東北神秘地消失了，或者說是「人間蒸發」（我大哥一直拿著團長的撫卹金）。後來傳聞他是因胃潰瘍過世的，但我媽並不信服，她一直想著要回去親自看看，甚至異想天開、自告奮勇去上當時的情報訓練班，大概是認為變成情治人員以後，會有機會能回大陸。

我外婆當然極為反對，動之以情，畢竟我哥還那麼小，外婆與阿姨也都倚靠著我媽，因此我媽雖然上了情報班，但並不能如她想像的，以情治人員的身份潛回大陸。

兩岸斷航後，雙方人民也斷絕通信，我外婆開始力勸我媽嫁人，在當時，女人帶著孩子獨自生活一定會被人覺得是「孤兒寡母」，老一輩說是「沒腳蟹」，容易被人欺負，因此我媽也就在媒妁之言間決定嫁給我爸，最初，我媽或許也想跟著我爸過一輩子，雖不能如願，但也因此有了我們幾個孩子。

我爸跟我媽的婚姻起先受到外婆的大力支持，尤其是媽媽歷經幾次流產後，懷上我，外婆跟我媽都特別特別小心，外婆用艾草水煮帶殼雞蛋，給媽媽補身子，小心翼翼地照顧肚子裡的我。因此，我雖然是個早產兒，但在爸媽、阿姨的疼愛下，仍然長成了一個愛哭愛漂亮的淘氣女生。

我小時候家中有大院子，也有現代的衛浴設備，可以說生活得很寬裕，當時臺北市內有抽水馬桶的家庭並不多。我阿姨特地北上來照顧我，我跟我爸長得很像，聽說他一下班就抱著我不放，親手幫我洗澡，我媽雖然又生了兩個弟弟，仍保有自己的生意（買賣舶來品）。家裡也有請煮飯、幫忙的佣人，客觀條件上，這段婚姻好像沒有什麼問題。

然而我爸跟我媽的生活中卻依然有很難跨越的齟齬，我爸的湖南老家在湖南酃縣（今炎陵縣），畢業於黃埔軍校，隨著戰亂，輾轉來到臺灣後，他把所有湖南人都視為老鄉，很多湖南鄉親出入我家，他也不介意，然而我媽是湖北人，三代篤信基督教，想法很新派，已有過一次婚姻，又是個從商的女人，保守的湖南同鄉看我媽並不順眼，有時外人的幾句話，就能讓感情生變，兩人的爭吵也多了。

夫妻吵架時，我媽口舌靈便，時常講話激怒爸爸，因為我媽媽是個獨立的女人，又有經濟能力，不肯示弱。爸爸嘴笨，哪是她的對手，一旦氣不過，就會動手打人，還揚言要「同歸於盡」，就這樣，連我外婆都覺得看錯我爸了，雖然當初很支持他們結婚，但有次撞見我爸爸動手打媽媽後，外婆對父親已經不再信任，當場怒斥他：「你憑什麼動手打她！」

所以當爸爸調職臺東時，他決定只帶兩個年幼的弟弟去。而我媽則帶我回和平西路的房子住，臨走，我爸還特地請同鄉們照顧我們母女倆。

那時，媽媽在臺北有房收租，有生意，有我，還有她精心整頓的大房子，我爸雖是脾氣暴躁，但他對小孩親力親為，媽媽沒什麼好操心，畢竟我們小時候的尿布都是爸爸洗的。我大哥空軍幼校畢業，正在讀空校，放假時會帶他的朋友們回家住，學過英語的媽媽很愛看電影、聽音樂，她會在客廳放西洋唱片，開舞會，我一個孩子夾在裡面，像過節一樣地高興。

這時我爸的同鄉們依然常來，我媽照樣會招待他們，對於常年只住小宿舍或眷村的軍警公務員來說，賴在我家自然比較舒服，而其中有個南京警官學校畢業的單身漢，成了我們家的常客。

對我來說，他是個溫和的叔叔，可以陪我跟媽媽好久，週末的時候我們就去看電影，去中正橋下吃露天烤肉、聽現場演唱，好愜意喔。這兩年的時間，我過得很快樂，然而我爸聽到風言風語，認定自己被背叛了，竟向法院控告我媽媽出軌，訴請離婚。

我當時不明白大人世界的問題，聽說父母要離婚，我居然拍手叫好，因為當時的我只認識那個回到家就對媽媽、對我們大發脾氣、會動手打人的爸爸，我幼時爸爸疼愛我的種種往事，只是阿姨、媽媽口頭上告訴我而已，當時的我，根本無法把喜怒無常的爸爸跟那個疼愛我的人連在一起。

然而我媽是非常傷心的，我印象很深，她並不是一個輕易哭泣的人，但我知道她當時心情很壞。後來我父母就由法院判決離婚了，我歸給我媽，弟弟們歸給我爸。在那時離婚很不名譽，特別傷害女方，但我媽帶著我抬頭挺胸地嫁給了總是溫和陪伴的叔叔，也就是我的繼父，不但生下小妹，兩人也一直相親相愛，出門時總是手牽著手。

我媽媽晚年住在東莞，因為我弟弟跑到中國做生意，把故鄉裡的親戚都接到東莞住，工廠裡有很多人，住起來熱鬧，也更適合我媽的個性，我們就商量著，要讓媽媽去東莞養老。可是我媽提出，要她搬到東莞的條件有兩項，第一是要能夠收看大愛電視台，這樣她每天都能收看我主持的素食節目。

第二個條件是，要我未婚的妹妹陪她一起過去，她捨不得放我妹妹一個人在臺北。這兩個條件都不是問題，當時東莞那邊已經可以接有線電視，能收看臺灣的節目。而我妹妹一直做的是服裝生意，我弟弟在東莞開工廠，也很需要妹妹過去幫他管理原物料，看來是個皆大歡喜的決定。

當時我們幫她整理了一個多月，打包的海運紙箱，有滿滿三十幾箱，我還費盡唇舌，要她放棄她寫了三十多年的「賬本」，這賬本不是記錄收支的賬本，而是記錄所有瑣事的賬本，這是她情報員訓練下的成果，記錄都是些誰幾點出門，天氣如何的雞毛蒜皮，一個月記上一本，累積了三、四十年，又厚又重，帶過去幹嘛呢？所以我一直勸她不要帶這些東西，她也好不容易答應了，即使如此，海運紙箱仍是驚人的巨量。

這三十幾箱家私全部寄到東莞以後，親戚朋友們幫她空出一個屋子堆放，她就一一開箱，結果吵著說，她替我大哥留著的廣東的房地契不見了。我聽了傻眼，什麼房地契呀？解放前的房地契現在根本沒用了呀！但她總是打電話來臺北遙控我找東西。我媽媽是個有才幹的人，從年輕時就能扛起家計，絕不是個小里小氣的人，沒想到會為了N年前的地契不斷找我，我被她吵得頭痛，心想，媽媽怎麼老來才開始變得愛計較啦？

後來我就乖乖地翻她的「賬本」，找著她說的「地契」，這麼一本一本翻著，哎！竟然找到一塊絲質手帕，上面繡著花朵跟雋雅的毛筆字，看起來好像是情詩，我見到這塊絲帕才恍然大悟，因為這條手帕背後的故事，我媽常常跟我說，這是以前葉將軍親筆寫給她的詩，我媽媽將字跡描起來，又精心配上花朵圖案，一針一線地繡成的。

我故意不跟她說已經找到了，親自跑到東莞，把這條手帕交給媽媽，她看了眼睛一亮，馬上把手帕摟進懷裡，原來她找個不停的，不是廣東的房地契，而是當年葉團長親筆寫的字跡啦！她只是不好意思說她在找的是這件愛情的信物罷了。

當天晚上，老媽就抱著手帕睡去，我們隔天就找人把手帕裱框掛在她牆上，媽媽開心極了，像個心滿意足的小女孩。

愛情到底是什麼呢？我已經快七十歲了，我們這一代人講愛情這種羅曼蒂克的題目好像多少有點那個，但如果說起我媽的三段婚姻，我得說，我媽是個深深明白愛情、義氣與人生三昧的女人。

# 曇花開

六十年前的晚上，有一朵碩大、潔白的曇花，在我們眼前盛開，那個魔術般的時刻，在我們熱切的注視下，變成了永遠。

這段記憶讓我想起了媽媽對我們特別的教養觀。

昨晚看到鄰居家圍牆外的曇花盛開，才想起媽媽曾經在臺北尋尋覓覓好久，向好多人打聽，只為了找一朵曇花。

回想起來，這竟然已經是六十年前的事了，但我記得很清楚，那個晚上，媽媽帶著我和兩個弟弟，殷殷地守在鄰居家的一株曇花邊上，只等曇花開。

大弟小時候氣喘，那時候我媽就到處帶他去求醫，聽人說曇花對氣管好，她就到處找曇花，後來聽說鄰居家裡有一盆曇花，我媽媽就拖著三個孩子去鄰居家拜訪，說明來意，對方很親切，說可以給我們，但曇花是夜裡開的，天亮就凋謝了，所以我們一聽鄰居說曇花花苞快開了，媽媽就帶我們去等，坐在人家的客廳裡，守著那盆曇花，只等花一開就剪下來，煮水給大弟喝。

在媽媽細心照料下，大弟當時的小兒氣喘也好了。我媽生在一九二〇年，可說是新舊交接的時代，她的智慧也是有新有舊的，我外婆家那邊算是中醫世家，所以她耳濡目染，有時按照家裡的祖傳藥方去抓草藥，中藥行老闆說，你們這個方子是治什麼的？可以抄一份嗎？她也總是大方地答應，並且很親切的說明用法。

但不表示我媽媽就很守舊，其實她不太受傳統條條框框的束縛。以前在中山北路一段的中山橋附近有個游泳池，小時候媽媽都帶我們去那裡游泳，我爸爸會為了這件事責備她，我爸的湖南同鄉們也都說太危險了：「陳景文這個女人真是不知死活啊！竟然把小孩帶到游泳池去游泳。」

但我媽不以為意，照樣帶我們去，所以我們家幾個小孩都會游泳，我媽媽認為小孩該學的都要學，心裡平安就好了，她也從不看風水、看日子。在她的那個世代裡，她並不怕當個走在前面的人，卻也不否定舊傳統的好，只是很有自信、有原則地過自己的生活，她對我們的「薰陶」，就是精神上不逼我們，物質上，則讓我們沒有缺乏感。

她說小孩不能逼，她沒有「虎媽」那種觀念，一切只等小孩自己的步調，到時自然水到渠成，物質方面，並不是要讓我們非常享受奢侈，她只是讓我們沒有缺乏跟自卑的感覺，未來就不至於為了區區的一些物質利誘、拐騙，甚至放棄自己的原則。

至於人生觀，她不是那種過度保護小孩的媽媽，她希望我們有心理準備，這個世界本來就不是一個只有好沒有壞的地方。她掛在嘴邊的就是：「你們要用眼睛看！不管看起來有多可怕，你們仔細看就會看出破綻來了，就不必怕了。」

她寧願我們去凝視這世界的「真相」，不管我們怕什麼，只要能多觀察多理解，就不會有恐懼，也不會被表象矇騙。

其實我大弟幼時患上當時很常見的小兒麻痹症，一腿萎縮，只能跛著走路，好動的他，即使想跑，也只能一跳一跳地往前，但我媽沒流露過一點對命運的怨懟，我大弟也是，他照樣去游泳，讀書成績也很好，後來大弟考上新竹高中，高中運動會時還得到撐竿跳的全國第一名。正因為媽媽不會在生活上優待他、或是讓他感覺自己有與眾不同的缺憾，因此他也從不那樣看自己。

而我成績很差，讀書根本讀不進腦袋，還會玩到忘記做功課，要靠大我十三歲的哥哥幫我寫功課，他一邊寫，我只會坐在旁邊一直哭。我媽也不生氣，她還叮嚀大哥，字要寫醜一點，不要被老師發現了。

我媽從來不打小孩，但她說過，「我要是打你一次要就讓你記一輩子！」結果五個小孩只有我被打過那麼一次。我十八歲時，在學校認識一個年紀比我略大的男朋友，我媽很歡迎我男朋友來家裡玩，也覺得對方帥帥的，很有才華。我當時在稻江家職夜補校學廣告設計，當時的年輕人很早就開始工作了，所以我們的同學多半都是已經在廣告公司做設計的人，我的男朋友就是其中之一。

既然媽媽不反對我談戀愛，為什麼還打我呢？其實是男生即將要去當兵了，三年的兵役那麼長，見面不容易，連通電話都難，戀愛中的兩個年輕人傻傻的，決定要結婚！我媽當然反對到底。

我是雙魚座，從小就非常愛哭，何況是碰上這種八點檔情節，我還不大哭特哭？就因為我纏著我媽哭鬧，我媽要上廁所，我也跟進廁所，她真的被我煩死了，拿腳上木屐底的拖鞋敲了我幾下，非常痛，我真的記了一輩子，記到現在都沒忘。

這時她又把她的老派智慧拿出來，說她會算命，說我一定不能早婚（在那個年代大約二十幾歲才是適婚年齡）。面對來求婚的男朋友，她只是告訴他：「譚艾珍還沒定性，你去當兵她就會變了，先結婚對兩人來說不是好事。」

結果我們的確就這樣分開了，我還記得他當時在東方廣告公司工作，是個才華洋溢的人。

正因為我媽媽熟諳人性，我們這些小孩怎麼翻跟斗都翻不出她的手掌心，所以就只能在言語上佔一點便宜，我媽卻非常歡迎小孩跟她拌嘴，她喜歡說笑話，也愛聽笑話，譬如她過生日時都說自己是禍害，她說因為禍害遺千年嘛。

媽媽熱情跟樂天的本性，跟境遇無關，不管在什麼惡劣環境下，她都沒跟著搖擺，我媽從小家境優渥，沒人要求她做菜，她也不必學做菜，但爸媽分居時，我媽跟我兩個人住，我們也沒請人到家裡燒菜，當時煮菜要在戶外，燒菜要用炭爐，一顆煤球可以燒很久很久，只是很難點起來，必須搧火搧很久，這是一件苦差事，很費力，之後做菜還要調整火力，非常麻煩，嬌生慣養的她卻沒叫苦，也不抱怨。

經過跟我爸爸的離婚，法官把我兩個弟弟的監護權判給爸爸，我跟著媽媽，我記得我們過了一段很辛苦的日子，離婚敗訴，除了必須賠給我爸爸一大筆錢，為了保障弟弟們的生活，她又將房子分別過戶到弟弟們名下，跟我爸約好，不管如何都不能把房產賣掉。

當境遇不如以往時，我媽媽也沒有怨天尤人。這時有電鍋可用了，不必搧爐子，做菜方便多了。我媽發明不少絕招，譬如用電鍋在蒸飯的同時蒸好幾樣菜，這樣做出來的菜不可能太好吃，味道都混在一起了嘛！她還用熱開水沖煉乳給我們喝，跟我說這跟鮮奶一樣。她就這樣在生活中創造一些小樂趣，不以為苦。我記得我們當時住在植物園附近，方便我上小學，媽媽仍然供我讀書、學才藝，對我的需求一點也不手軟，可是家裡已經沒有請人幫傭了，小妹出生時，還是小孩的我，自己搭三輪車去找接生婆來家裡接生。

我家的小妹，一出生就沒跟媽媽分開過，我很羨慕她，以前老媽有一些奇妙的養生方法，譬如要時常按壓眉毛穴道，對眼睛好，又叫我們每天起來梳頭一百下，好保持頭髮烏黑。教我們調蓮藕粉來吃，因為可以潤肺、保護氣管，還說天然的蓮藕粉應該是有點片狀的，只有淡淡紫紅色。她還要女兒喝白木耳燉蓮子湯，會讓皮膚白皙，胸部發育好……，然而這些媽媽經，在很長一段時間裡，只有小妹獨享，因為我在國小四年級以後，爸爸把我「偷」走了好長一段時間，我被迫與媽媽分開生活。

然而我仍記得，六十年前的晚上，有一朵碩大、潔白的曇花，在我們眼前盛開，那個魔術般的時刻，在我們熱切的注視下，變成了永遠。

# 爸爸為什麼把我帶走？

火車開了好久，我開始問，我們到底要去哪裡玩？爸爸卻說：「妳以後就不要再回去了，因為妳媽媽不是一個好女人，我不准妳回去。」而這段經歷，成為我重大且無奈的創傷印記。

幼時的記憶中，我最記得住在羅斯福路時，每當爸媽吵架、演變到我爸動手打人，爸爸會把我推出門外，把紗門反扣起來，我就跑去鄰居家門口求救，而隔壁鄰居一回生二回熟，此後只要聽到匆匆開關紗門的聲音，就知道又有事了，得趕快出來勸架，從小我就覺得我的所有鄰居都是守護神，不止一次救了我們。

那些烙印在我心版上的畫面，一幕幕像潮水般升起又落下，譬如一個酒罈舉起來往我媽媽的頭上砸過去，無力的我只能眼睜睜看著事情發生，幸好，哐啷一聲，酒罈砸碎在一旁，媽媽沒事。還有夫妻爭執時，刺耳的惡言相向，還有，眼看著爸爸把手上竹條打到折斷的驚恐……這些畫面深埋在我心裡，在很長的時間裡，不管我人在哪裡，回想起來，仍然會令我心臟緊縮、呼吸急促。

「這杯酒我敬爸，我們明年回大陸！」我們明年回大陸這句話，不只是小學課本裡的課文，也是實際上在我家過年時一定要對爸爸說的「吉祥話」。

我出生時，爸爸已經年過半百了，他是湖南酃縣人，酃縣有地利優勢，中日抗戰時是唯一沒有被日本佔領過的地區。我爸從黃埔軍校畢業，榮任剿匪司令部的少校，也是縣城裡剿匪大隊的隊長。他不僅組織帶武裝的年輕人，自己也不分日夜、騎著馬在村裡巡邏，縣裡治安良好，夜不閉戶。小孩哭鬧不乖，大人就會說：「譚祖宗來囉！不要哭囉！」用我爸的名字來嚇唬小孩。

為了防止馬賊、流寇、日本兵混進縣城，一旦有陌生的外鄉人想進來，不論是挑夫、乞丐，都是有嫌疑的外人，剿匪隊都會把他們抓起來，不准放進村子。為了節省子彈，甚至會把人綁在江邊，用柴刀處死。

「砍掉他們的頭！」

這些故事把年幼的我嚇得半死，爸爸卻非常自豪。他的確也是個兩眼帶著殺氣的人，不只是我們小孩怕他而已，我爸他身形高大，眼神凌厲，是個威風凜凜、凶神惡煞的人物，即使是家人也都敬他三分，連在警隊工作的姨丈都不敢對他親暱隨便。

中國「解放」後，武裝保衛家鄉的過去，成了他的黑歷史，因此他被迫離開妻女，先逃出家鄉，又輾轉逃到廣東，最後，碰上了一個萍水相逢的貴人幫忙，改扮成賣鹽的挑夫，然後以挑夫的身份南渡香港，在調景嶺待了兩年多，才有機會又輾轉來到臺灣。

在臺灣，爸爸改名譚明誠，在國民黨中央黨部工作，他背負的憂憤不安，只能對家人宣泄，我媽媽跟我們當然首當其衝，我媽嘴裡不饒人、火上加油，爸爸則是情緒不穩定，動手打人成了常態，隨著他的職位調動，我們不斷搬家，直到他遠調臺東菸廠（副廠長），最後也釀成爸媽的離婚。

當時我對爸爸的感情是很矛盾的，爸媽離婚，孩子氣的我曾經是高喊萬歲，說是舉雙手贊成都不為過，但當時的我怎麼能知道，這就代表我跟兩個弟弟分開，本以為理所當然、一直都在的爸爸，也沒權利來看我了。

要升小學四年級的那個暑假，我從植物園附近的住家走路去國語實小，參加返校日，跟很久沒見的同學一起打掃以後，不到半天，就可以放學回家了。

然而我卻發現，爸爸在回家的路上等我，我好久沒看到爸爸了，有一絲陌生，但更多的是孩子對爸爸的期待。爸爸說，「我跟妳媽媽說好了，今天要帶妳去玩。」然後就帶著我去臺北車站搭火車，我當然很開心，只記得上了火車，火車開了好久，我開始問，我們到底要去哪裡玩？爸爸卻說：「妳以後就不要再回去了，因為妳媽媽不是一個好女人，我不准妳回去。」

我當場就嚎啕大哭，當時我們搭的是快車，我只記得我哭得好慘，我怎麼可能願意離開媽媽？我記得旁邊有個婦女在旁邊說，哎，這個妹妹怎麼哭得這麼可憐呀。我爸爸聽了，竟對著那些乘客開始數落我媽，說她是個多壞的女人，偷人！

我仍然哭得停不下來，哭得天昏地暗。爸爸拉著我在嘉義下車，當時天都黑了，他把我帶到一個陌生人家住，而且隔天就離開了。就這樣，我被丟在陌生的地方過了大半個暑假，只有身上一套制服、一雙鞋，書包空空的。

我還在那裡碰上了嘉義地震，沒有媽媽在身邊保護我，我好害怕。但孩子的適應力很驚人，雖然那戶人家的家長也沒特別搭理我或照顧我，至少吃飯時有我的一份，我自己撿剩下的衣服來穿，平時我也跟那家人的孩子一樣，自己玩，自己生存下來，我還記得，那也是個講湖南話的人家，住在眷村區，暑假期間，不上學的小孩都聚在屋外玩遊戲，大家整天都在村子裡玩，回屋裡只是為了吃飯、睡覺而已。

暑假還沒結束，我爸又突然來接我。這次，我不敢開口要回媽媽身邊了，只能默默跟著他走。我們又搭了很久很久的火車，原來這次爸爸把我帶到羅東去，我又被他安置在一個陌生的人家裡，那戶人家是開理髮廳的，我記得他們家外面，有灌溉水田的溝渠，溝裡的流水非常澄清，小孩子們當然都在那裡玩，附近還有一個炸麻花工廠。

開理髮廳的人家，假日時會去附近的天主堂做禮拜，我也跟著去，認識了天主堂的神父跟修女，一次地震時，我因為有之前嘉義地震的記憶，所以嚇得四處亂跑，摔傷了膝蓋，膝蓋上有個大窟窿，傷口一直沒好，還化膿，我知道這樣下去不行，想起天主堂的修女很親切，於是忍痛走半個小時去天主堂求助。

修女幫我敷藥，並且叫我每天都要去換藥，我就乖乖每天走半小時去換藥，再走半小時回來，腳傷終於漸漸好了。

暑假就快過完了，我爸終於又來接我，他這次先將我帶到士林，帶我去看陽明教養院，原來我爸有意把我留在孤兒院生活，但我激烈反對地說：「我不要、我絕對不要，我又不是孤兒！」不知道是不是這句話讓我爸心軟了，他放棄把我送進孤兒院的打算，卻還是把我「托孤」到另一個人家，並且叮囑我，暑假結束，我就要在福林國小上學了。

當時我根本不知道那是什麼地方，摸不清東西南北，這次我爸爸將我送去的人家在陽明山腳下，我驚喜地發現，原來我小弟也住在那戶人家裡，雖然沒能回媽媽身邊，但我至少有弟弟相伴了。這個家庭的男主人是軍人，家裡已經有八個孩子，加上我跟弟弟，一共有十個小孩。

這時我越來越懂得自力更生，我學會自己洗頭洗澡，不再是靠媽媽打點一切的小女生，寄人籬下當然沒有家裡那些媽媽幫我做的漂亮衣服，更沒有自己的鞋襪可以換穿，只有身上的制服是自己的，因此都是別人丟給我什麼，我就穿什麼。

幸好小孩的煩惱不多，只要有吃有喝，有地方遮風避雨，其他的時間就是自己玩，我告訴自己，現在我不是孤伶伶的，我還有小弟在一起，而且我們也開始上學了，我上四年級，小弟上幼稚園大班。

那時候，夏天雨後常常淹大水，而我們每天都要走很長的路去上學，經過一片長著荒草的大墳場、經過泰北中學、然後走到福林國小。早上一大群孩子出門，還有同伴，可是大家年齡參差不齊，放學時，就只能三三兩兩地同行，我通常都是跟另外兩個比較小的女孩一起回家，有一次我們班上有事，沒辦法跟她們一起回去，我交代她們說，妳們先回去吧。

沒想到等我離開學校，獨自走回去的時候，客廳上排開的是莫名的陣仗，他們家的孩子，包括我弟，每個人都在，全部圍成一圈，有人喝令我跪下，我大吃一驚，這時候有人從背後推了我一把，我踉蹌地跪下來，那兩個時常跟我們一同回家的女孩子就在旁邊指著我，七嘴八舌地說：「都是她害的。」

我聽得一頭霧水，但在場的每個孩子都罵我、甚至作勢要打我，原來那兩個女孩子回家途中掉進路邊的水溝，她們回來就說是我推的，我很委屈，大聲說我沒有啊！卻是百口莫辯，另一個年紀大些的哥哥還指著我說：「院子裡的葡萄都是妳偷吃的！」

可是我個子那麼小，怎麼搆得到葡萄架上的葡萄？我說我沒有，可以叫我弟弟作證，我沒有！但我小弟才讀大班，無論大家說什麼，他都傻兮兮地點頭附和。

這個事件形成我內心的創傷印記，深深烙在我意識的底層，一直影響我到五六十歲，我一直莫名地認為凡事都是我不好，是我的錯，直到我學習了量子轉念才找出源頭。

經過這件事，我在那戶人家的生活變得度日如年，雖然表面上我還是跟平常一樣，可是被誣賴、被公審的情景，讓我越來越難忍耐。

好不容易等到爸爸終於來看我們時，我趁其他人不在場，鼓起勇氣對爸爸說了這些事，他沈默很久，再開口時，只說，他會帶我們轉學回臺北讀書。

真的嗎？真的嗎？我像溺水的人抱住浮木似地拼命問他，爸爸點點頭，沒再多說。經過這大半年的時間，我表面上像是長大了，也不得不獨立了，但其實仍是個需要爸媽照顧的孩子，經過這段輾轉寄人籬下的生活後，我已不敢奢望能回到媽媽身邊，只求能回到有爸爸、有弟弟們的家了。

# 把媽媽找回來

在學校裡，學生間很流行玩碟仙及筷仙，我與大弟玩碟仙時，總是問爸爸媽媽會不會團圓？

爸爸帶我跟小弟回到臺北以後，我才知道，原來爸爸已轉調到樟腦廠工作，那是個日本時代就存在的舊廠區，目前已經是歷史建築，就在南昌路（現址為臺灣博物館的南門園區），當時樟腦廠還在運作，而我們就住在廈門街、住在樟腦場配給的員工宿舍裡。

爸爸讓大弟跟小弟讀女師附小，也因為女師附小離樟腦廠很近，所以樟腦廠的員工子弟幾乎都在那裡就讀，我爸出門上班時理所當然地帶著弟弟們一起去，吃飯也帶著他們在廠裡的員工餐廳吃。

奇怪的是，爸爸卻把我送到反方向的螢橋國小唸書，所以我每天都得獨自穿過鐵軌、走過平交道，到螢橋國小去上學，回家也沒晚飯吃，因為我爸帶弟弟們去員工餐廳吃晚飯，他只拿錢讓我買些包子饅頭打發過去。我心裡有點不解，難道只有男生才能去念女師附小？只有男生才能去員工餐廳吃飯？可是我爸有時帶我去同事家打牌，我知道他同事們的女兒也都上同樣的小學、也去員工餐廳用餐的呀。

在學校裡，學生間很流行玩碟仙及筷仙，我與大弟玩碟仙時，總是問爸爸媽媽會不會團圓？隨著不同的「仙」，有不同的回答，我們有時信心滿滿，有時灰心喪氣。可見我們根本沒有真正接受父母已經分道揚鑣的事實。媽媽對爸爸是死心後才再婚的，但為人子女的我們，永遠不會對父母死心啊。

五年級時，我月經來了，一腳踏進了青春期，但我其實仍迷迷糊糊，對自己的身體成長並沒有很大的感覺，反而是我爸爸教我要怎麼處理經血，也教我準備衛生紙，折成長條狀，還教我做衛生袋，是紗布做成一個小袋子，在袋子兩端有帶子繫著，這樣可以固定在底褲裡面，吸收經血。雖然爸爸有這樣細膩的一面，但他情緒仍是不穩定，時常對我們三個拳腳相向。

小弟性格比較溫吞憨慢，根本不會搗蛋做壞事，卻也免不了捱罵、捱打，我大弟腳不方便，但他聰明剔透，成績好歸好，可是非常皮，常常闖禍也常常挨揍，我爸打他時，甚至氣到把他雙手綁起來，往死裡打。我怕我爸會打出人命，就趕緊跑到我們宿舍斜對角的一個私娼阿姨家求救，我記得那位阿姨身形高大，她會一把推開我爸，然後趕快替我大弟弟鬆綁，我爸雖然兇惡，打孩子打到失去理智，但他被推開後就會清醒過來，也就停手了。

當時，因為知道我回家時家裡也沒有人在，五年級的導師黃忠燦老師就特別照顧我，放學後黃老師常帶我去他家吃點心，他的太太跟母親都很慈愛，想起他們一家人的好意，直到今天我都會覺得暖洋洋的。

我心裡最大的失落，畢竟還是媽媽的缺席，同時我也漸漸想通，媽媽可能不敢直接來找我，但自從我跟爸爸同住廈門街之後，媽媽早已透過共同認識的人，知道我回臺北的消息。

譬如，我外婆有一個乾女兒，她和我媽媽、我阿姨三人情同姐妹，我們也將她當作親阿姨似的，這位阿姨婚後住在臺北，夫婦倆都跟我爸爸很熟，即使我爸媽離婚，我爸仍會去這個姨丈家打麻將，他有時讓我們跟著去，大人打麻將打一整個通宵，我晚上就跟表姐一起睡，媽媽應該側面得知我回到臺北了，現在與爸爸同住。

所以很快地，我媽媽透過這些阿姨、姨丈們向我爸求情，雖然不敢質問他為何把孩子帶走，只是托辭說我生日快到了，能不能讓她去看看我？我爸也礙於情面，痛快答應了。

那天，我爸讓我們幾個孩子在家等我媽，自己出門去了，我媽則是約好的時間一到，就提著大包小包的來敲門。我好開心，又好陌生，除了掉眼淚之外，不知怎樣表達才好，我大弟、小弟都很久沒見到我媽了，小弟從小就在爸爸的洗腦下，幾乎不認識媽媽，以為媽媽不要他，而且又怕生，我大弟則是歡天喜地。

媽媽給我做了一套好漂亮的新裙子，還有一個大蛋糕，吃的、穿的、用的，什麼都有，跟媽媽見面的時間好像在做夢，可惜美夢一下子就做完了，約好的時間到了，媽媽也怕爸爸回來時兩人會碰到面，不敢久留，只得早早離去。

誰知，我爸回到家就開始大發脾氣，一改之前的開明通融，將一場美夢化作噩夢，我媽拿來的所有東西，全部被他砸爛，吃不到蛋糕，小弟放聲大哭，我的新衣服，被我爸拿去從上到下撕成一條條，我還不死心，想要偷偷補起來，卻怎麼也補不回去，只能當抹布了。想想我爸真聰明，新衣服被他破壞的很徹底。

既然光明正大來訪是不可能了，我媽又換一個方法，由我臺南的阿姨出面，請我爸讓我去臺南過暑假。其實，我出生前阿姨就特地上臺北陪產，後來我提早從媽媽肚子裡蹦出來，身體嬌弱，她根本捨不得走，來來回回地，在臺北住到我滿週歲才回臺南，她開口想接我去臺南過暑假，我爸自然也點頭了，大人們都繞開我媽不談，但我一被阿姨接到臺南，不久我媽也南下來看我了。

如果說媽媽到廈門街替我過生日是做夢，那在臺南重逢就是天堂了，媽媽、阿姨、姨丈照樣疼愛我，阿姨的三個兒子，就是我三個表哥，跟以前一樣陪著我玩，唯恐惹我生氣，跟以前不一樣的是，我吃過苦，知道這些都不是理所當然的了，所以更珍惜這些光陰。

假期過完，回到臺北，我開始暗地裡去找媽媽，那時我才知道，原來繼父已經不當警察了，媽媽只跟我說，他們在東門開了一家音樂咖啡廳，住家也在那家店的樓上。她給我地址，讓我有空就去找她。從廈門街的宿舍到東門，坐三輪車大概要花上一塊錢，沒錢就只能用走的，成年人走過去要二、三十分鐘吧？小孩走得更慢一點。

我找了一個機會，趁爸爸要去打麻將的時候，隨便編個藉口說，要留在家裡寫作業什麼的，爸爸不疑有他，就帶弟弟們出去了，確定爸爸他們離開後，我立刻飛也似的按照地址跑去店裡找媽媽，哎，我終於恍然大悟，為什麼我爸爸不讓我去員工餐廳吃飯，也不讓我念女師附小，因為我媽開的店就在同一個方向，他就怕我們母女倆有機會碰面。

每週三只上半天課，中午一放學，我就偷偷地跑去店裡找媽媽。後來媽媽會給我一點零用錢，大概五塊錢、十塊錢，這樣我就不必走路去去店裡，可以搭三輪車，比較省時間。媽媽會陪我吃午飯，聊天，或帶我去逛街，跟媽媽相聚一下午，只要趕在爸爸回家前回去就行了。誰知我們母女的小秘密，不久就被我大弟弟發現了。

原來大弟一直在跟蹤我，大弟的腦袋瓜轉得很快，他不揭發我，但他跑來威脅我，如果我不帶他去找媽媽，他就要去告訴爸爸。我只好帶他去媽媽的店裡，聰明的他會錯開我去找媽媽的時間，也常常偷空跑到我媽的店裡找媽媽，我媽也疼他，零用錢呀、好吃的呀，也少不了他的，我們姐弟倆就這樣成了共犯。

眼看媽媽與繼父親力親為開了一家店，又帶著小妹，組成了一個新的小家庭，我跟大弟，再也不會問碟仙、筷仙「爸媽能不能復合」了。我們默默接受了現況。比起被扔在舉目無親的地方，現在的我是幸福的，甚至是苦盡甘來了，在十二歲小女生的心目中，能見到媽媽，比什麼都重要。雖然這些甜美時光是不能讓爸爸知道的大秘密，但我終於把媽媽找回來了。

# 回憶的滋味

吐司烤到表面金黃、恰到好處的時候，先抹上奶油，再抹一層果醬。奶油果醬融在麵包脆皮上，熱騰騰冒著煙……

在那段物質不富裕的日子，這是我求之不得的幸福滋味。

我是早產兒，從小就不太愛吃東西，個子也不高，身體也不壯。在家裡我是最瘦弱的，不長肉，還有貧血的毛病，這些問題直到我三十二歲開始吃素，每餐都大量攝取深綠色蔬菜配水果以後，才慢慢改善。

在這之前，我常常是處於食慾不振的狀態，胃口很薄，但我念初中的時候，我們學校門口有個日式的小店，就像雜貨店，也賣一些吃的，他們老闆娘在店裡賣的點心是烤吐司抹奶油果醬，口袋有零用錢的學姐們都會去吃，烤吐司的香味深深吸引我，但是我身上沒什麼錢，而且當時還是淡江中學的新生，初來乍到，不敢走出校門去店裡買東西吃，烤土司對我來說可望不可及，只能是憧憬中的美食。

而我為什麼會到淡江中學讀書呢？其實，小學高年級時，我已經是個會站在爐灶前，替弟弟們簡單煎個蛋、炒些菜的小姐姐了。跟爸爸、弟弟們同住久了，很多家事我也都學著做。然而，小學畢業後，有人建議爸爸送我到淡江中學（現為淡江高中）住校，爸爸考慮到我是女孩子，又已經是少女了，而淡江中學是歷史悠久的長老教會學校，他相信學校一定可以把我教好。

當年從臺北到淡水要搭火車，在我提著行李箱去住校之前，我根本不知道有這所學校的存在，剛入學也什麼都不懂，只知道學校的規矩很多，學姐們都很漂亮。

淡江中學以管教嚴格聞名，從日治時代就有許多知名的校友，有錢的本省人家庭都會將孩子送進來唸書，放學後，我們都要祈禱、唱詩歌，才能回宿舍吃晚餐、洗澡、做功課。

學校的做法讓我這種半大孩子深深體會到「男女之防」，除了男女分班之外，早上在教堂開朝會，所有的女生先進教堂坐好，男生才能進來，散會時，男生先走，女生才離開。所以男生只能坐後面，看不到女生走路的樣子，似乎男生一看到女生就會有什麼壞事發生。

女生制服是海軍領，上衣規定要蓋住腰，還有，不管冬天多冷，都要穿裙子，不可以穿長褲，褲襪可以穿兩層。校方的想法是，如果襯衫塞進裙子，就有腰線，女生穿長褲就會有曲線，學姐解釋給我聽，說這樣一穿，視覺的刺激就沒有了，現在回想起來，這是把女生都妖魔化了，兩性之間被分化成這樣，是保守年代不及格的性別教育。

學校對制服規定得那麼嚴，就只有頭髮比較自由一點，因此愛漂亮的女孩都往頭髮去做變化，我記得有學姐就剪了赫本頭，非常時髦。

那時候學校內還留有一個ㄇ字型的界限，就是地上畫一條十公分寬的一條線，男左女右，男生可以跨線，但女生絕對不能跨線去男生那邊，當時我也不知道為什麼，難道女生走過去就會引誘男生嗎？不可能吧？

校內還有個漂亮的鐘樓，古色古香的，是個數層樓高的獨立建築，不管人在哪裡，隔著老遠就可以看到那座漂亮的鐘樓，鐘樓後面有樓梯，但學校不准我們走上去。

由於家庭富裕的學生很多，淡水中學並不太重視成績，反而比較注重學生在音樂、唱聖歌的表現，又特別重視品行，包括要合群、守時、愛整潔等等。整個學校的風氣，似乎是為了把女孩培養成溫柔聽話的大家閨秀。我們同班的還有後來成為導演的王小棣，她很害羞，不像我活潑又多話，下課時同學們很三八地打來打去、妳一句我一句的聒噪場面，王小棣從來沒參加過，她只會露出靦腆傻笑，看我們在那邊胡鬧。

宿舍裡的生活也是全新的經驗，基督教沒有修女，但有姑娘。我們女生宿舍的舍監就是一個黃頭髮的外籍女性，我們都叫他德姑娘，她負責照顧我們，晚上準時關門關燈，白天督促大家起床梳洗。

還記得當時學姐們很流行用的洗面乳，是黑色的圓圓的盒子，輕輕一按，就會冒出乳液狀的洗面乳，每天晚上看學姐優雅、輕鬆地使用這些高級品，我心裡真的太羨慕了，更覺得自己只是一隻小鴨，而學姐們都已經是天鵝了。

有個學姐很喜歡我，說要認我當乾妹妹，她領著我去校門口的日式小店，請我吃點心。哇！吐司烤到表面金黃、恰到好處的時候，先抹上奶油，再抹一層果醬。奶油果醬融在麵包脆皮上，熱騰騰冒著煙，一口咬開以後，吐司裡頭雪白綿軟的，跟上面抹的奶油果醬融成最完美的滋味。

天底下怎麼有這麼好吃的東西呀！我打從心底這樣讚嘆。

住校中，我大約兩個禮拜才回臺北一次，而我放假回家的第一站就是媽媽開的咖啡廳，那次返家，我大膽的跟媽媽說，我想要多一點零用錢，理由是為了要到校門口的小店吃點心，媽媽答應了。之後，我也鼓起勇氣，學著學姐們自信的模樣，走進店裡，點一份好吃的烤土司抹奶油果醬，不久，我升上了初二，也成了新生們口中的「學姐」。

在我回憶中，淡水的空氣與山水是那麼的純淨清新，我的初中生活過得簡單又快樂，誰知那段時光卻很突兀地戛然而止。

初二那年，有一次假日放假時，學校顯得很空曠，除了留宿的學生外，沒有別人，我悄悄從鐘樓背後的樓梯走上去，邊走邊眺望著遠方的景色，越往上走越覺得心曠神怡，還發現鐘樓頂上有一組課桌椅，想必是有同學把課桌椅搬到鐘樓頂上用功，享受樓頂的景色與清淨。

當時我沒有特別在意那些桌椅，只是深深受到整個學校跟淡水的景色吸引，因為第一次走上來，發現鐘樓可以俯瞰全校、甚至是整個淡水的景緻，我沈浸在眼前的美景裡，卻沒想到我早已引來了校長，校長發現有人站在鐘樓上，趕緊跟上樓來，對我一陣痛罵，除了怪我不該擅自上來，又指著那組課桌椅，說是我把課桌椅搬上來的。

我立刻解釋，課桌椅不是我搬上來的，這下，校長更生氣了，說我「目無尊長」，他完全不接受學生竟敢「頂嘴」，堅持處分我兩個大過，叫我主動轉學。

就因為微不足道的兩件事：「私自走上鐘樓」、「向校長解釋實情」，我被迫轉學，成長路上又多了一個急轉彎。家人的解決辦法是送我去跟阿姨住，當時姨丈升官了，調職到高雄做保警總隊隊長，我跟著轉學到高雄的第五中學（目前是苓雅國中）重讀一次初一。

這結果是我始料未及的，但即使知道不公平，也不能夠改變，在淡水度過的每一天，回想起來依然清新可愛，當時的我卻是在倉促跟狼狽中離開，當然也沒能好好跟同學們說聲再見。

說來好笑，幾年後，我大弟從新竹中學轉學回來，媽媽也送他去念淡江中學，他說他在那邊過得很好呀！感覺也沒有那麼嚴格，莫非是換了校長？還是大家對男學生比較寬鬆？他還說，學校裡的訓導主任、教育主任都跟他說，「你姐姐也在我們學校唸過書喔！」顯然還記得我呢。

這段哭笑不得的回憶留給我的，就是直到現在，不管是去餐廳吃早午餐，還是平常在家吃點心，我一定選擇烤吐司抹奶油果醬，對我來說，這是從少女時期吃到現在沒變過的美味，隨著奶油果醬融化在微焦的吐司上，過去微微的酸苦，都化為甜美了。

# 少女時代

當時寄住在高雄阿姨家的我也處在情竇初開的年紀，開始有喜歡的對象，而表哥的男同學中也不乏有喜歡我、追求我的人，而這個狀況讓阿姨擔心。

從淡江中學轉學，到高雄第五中學入學時，因為學科成績不佳，我降級重讀了一次初二，但不愛讀書的我仍然對刻板的國英數理無心學習，對我來說，上學時最開心的還是在學校參加的課外活動，我加入女童子軍，帶隊的邵玉珍老師是國立藝專戲劇系畢業的，在她帶領下，那年我們參加了在大貝湖（澄清湖）舉辦的全國女童子軍露營大會，還得到去台視錄影表演的機會。

我愛畫畫，又對服裝有想法，我們表演時穿的水手服就是我設計的，邵老師不但帶我們北上錄影、還帶我們去幼獅電台參觀，親身參與電視節目，又去電台看錄製廣播節目的錄音室，大家都好激動。

邵老師對我期望很深，她認定我有潛力可以當個演員，我轉學時，她特別寫了一封推薦信給我，說我有朝一日一定可以進演藝圈，我還保存著她一張簽名給我的沙龍照呢。

姨丈在保警總隊做事，每個月都會開吉普車帶我們去藍寶石大歌廳聽歌、看表演，高雄的藍寶石大歌廳是南部的演藝重鎮，所有的大明星南下都會來做現場表演，可以近距離觀賞群星會裡面的歌星，張琪、白嘉莉、謝雷這些大歌星的歌舞我都看過現場。如果碰到暑假或連假，我自然也不回臺北的爸爸家，因為媽媽會帶妹妹搭火車到高雄跟我團聚，這段時間，跟我在淡江中學度過的住宿生活，完全是兩個極端。

受到美國電影的影響，年輕人都愛跳舞，我本來就很愛漂亮，整天學著化妝、做頭髮，時尚是循環的，現在流行的迷你裙、短筒靴、大耳環、長流蘇，當時早早流行過了，那是個搖滾又真實的年代，我們在家裡用唱機放了英文歌，就開始跳舞。

比起在臺北的日子，我在高雄的生活可說是無拘無束的，表哥們的同學也常常來家裡玩，他們自然而然也變成我的朋友，在這一年多的時間裡，因為有好多年輕人常來拜訪，發生過很多好玩的事情，當時我也處在情竇初開的年紀，開始有喜歡的對象，而表哥的男同學中也不乏有喜歡我、追求我的人。

「吾家有女初長成」帶來的卻是新的壓力，此時阿姨跟姨丈都開始擔心，怕沒辦法負起家長的責任，六零、七零年代的臺灣，適婚年齡雖然已經延後，但沒把書念完就結婚的學生也不少，大人們想必考慮到種種潛藏的「危險」，開始商量要讓我回臺北升學。其實我也很樂意回臺北，畢竟臺北才是我的家，也是各種流行的發源地，所以我開開心心地收拾行李，自己搭火車回臺北去找爸爸，可惜事情沒那麼順利。

記得我是搭了一整天火車，才回到臺北，爸爸轉調到松山菸廠，住家就在菸廠宿舍，我在車上飯也沒吃，餓著肚子轉搭公車到松山、回到家，許久沒見的爸爸卻突然要我向他發誓。發什麼誓？

他要我對他發誓，我絕對不會去見我媽媽。

我馬上一口回絕。其實我很少頂撞父親，可是我有我的倔強，我都快滿十六歲了，第一次對爸爸情緒大爆發，當下我是氣憤大過於委屈，我認為自己都已經快成年了，已經受夠了當爸爸的「人質」，爸爸再專制再霸道也管不了我，氣得我父親當場叫我滾出家門，於是我提著根本沒時間拆開的行李跑出去，一走了之。

從菸廠宿舍出來，天色早就黑了，我心裡很彷徨，一時想不出要去哪裡，好不容易想到以前爸爸常帶我去一個同事家打牌，那個太太很疼我，曾經說要認我做乾女兒，也許她可以收留我一晚，當時松山區房子也不多，到處都很空曠，清冷得有點嚇人。我搭了公車轉往市中心，找到對方家裡，誰知那位太太不敢收留我，怕我爸爸怪罪到她身上，反而勸我回去找爸爸道歉，但我已經跟爸爸吵開了，完全不想回去，既然不收留我，那我也不想造成對方的麻煩，轉身就離開了。

這樣搭車來回，幾乎在臺北跑了一圈，夜已深，我才領悟到，大家都怕我爸，即使去找其他親戚朋友也可能又是一樣的結果。我想不出還有別的地方可去，不知不覺中，雙腳卻來到東門，到了媽媽跟繼父開的「東寶音樂咖啡廳」前，媽媽看到我，嚇了一跳，聽我說明情況後，也不知道該怎麼辦，因為他們開店的關係，住家是在店面的小閣樓上，繼父、媽媽、妹妹三個人睡，媽媽只好說，要送我去婦女會過一夜。

大家可能不知道婦女會是什麼機構，婦女會當時可以說是女性的急難安置收容所吧，扶助落難、無助、受到家庭暴力、無家可歸的女性。媽媽說要讓我去婦女會過夜，此時一直保持沈默的繼父突然開口了，他說，那怎麼行！都這麼晚了，把孩子一個人送到婦女會去太可憐了，就讓譚艾珍住下來吧。

當天晚上，我跟妹妹、媽媽一起睡。隔天一早，繼父馬上就去找房子，在東門附近租下一個適合我們的地方，大家很快地搬進去住了。就憑著繼父一句話，我住下來了，媽媽也才慢慢對我吐露一些事，原來我被爸爸帶走的同時，家裡還出了別的事。

先前我們在和平西路住家的天花板上有個夾層，是收藏貴重物品用的，夾層很隱密，外觀看起來只是一般天花板，必須爬梯子上去，打開夾層門才能知道裡面有什麼。有天家裡突然闖進一些人，他們進門後就拿梯子，熟門熟路地開了天花板的夾層，從裡面起出一盒警用子彈，我繼父立刻被警隊開除了。第一次得知這件事，我好久說不出話，除了爸爸，誰也不知道我們住的房子有夾層，更不可能一進門就拿梯子去開夾層。

為了生計，媽媽先去西門町的萬國舞廳當經理，後來也曾考慮頂下來自己做，可是因為股東很多，吵吵鬧鬧的，最後他們才決定經營東寶音樂咖啡廳。這個咖啡廳也不是單純的餐飲店，而是有特殊執照的聲色場所，繼父雖然離開警隊，但在地方上還是有一點人脈，咖啡廳也就在兩人的努力下經營下來了，這些都是媽媽從未跟我提過的，她不想讓我對父親有太多反感，直到我跟父親鬧翻，她才鬆口，繼父雖是因爸爸才丟了工作，但對我的態度還是一樣沒變。

而爸爸似乎也默認了這個結果，沒再來吵鬧，我媽起先還提心吊膽的，後來才鬆了一口氣，至於我，這算是我第一次在強烈的主張下改變了自己的命運，此後我在人生中碰到不少生活給我的挑戰，我一次又一次地發現，我的性子其實也很像爸爸，有倔強與執著，乍看是開開心心、載歌載舞的少女時代，其實真正的伏線是我逐漸獨立、成熟了，我的內心早已嚮往要過自主的生活，跟爸爸的衝突乍看事發突然，卻是父女之間不可避免的決裂。

# 放牛班的孩子

我也是不服管教的壞女孩，喜歡用釘書機把制服裙子釘成迷你裙，光這樣就覺得好驕傲，反正只要能跟教官作對，就讓人有種成就感。

我回臺北後讀的是泰北中學，泰北中學的本校在陽明山下，分校在杭州南路。但我只有第一個學期曾經搭公車去本校上課，後來就一直在杭州南路上學，直到畢業。

那時我們班上有五十幾個學生，誰也不愛唸書，因為泰北中學收學生的要求沒那麼高，也許是有教無類吧！當時，就算是被別的學校勒令退學的學生，泰北中學也願意收，所以我們全班等於是烏合之眾，都是臺灣各地來的轉學生。

說也奇怪，我念過恪守清規管教嚴格的淡江中學，又念過遠在高雄的第五中學，結果畢業卻是在那時專門收容問題學生的泰北中學畢業。

我本來就愛打扮愛漂亮，加上我們同學中都是在別的學校觸犯校規的叛逆學生，外人看我們，就覺得我們是太保、太妹。用當時的話來說，我也是不服管教的壞女孩，喜歡用釘書機把制服裙子釘成迷你裙，光這樣就覺得好驕傲，反正只要能跟教官作對，就讓人有種成就感。我那些非常要好的同學，男生都會罵大街、揍人，我們這些少女，就特別愛在制服上扮美、作怪，經過走廊，每一班的教室窗口就會有男生探出頭來，對我們吹口哨叫好，好像在走伸展台，多叫人得意啊。

為了愛漂亮，我拜託媽媽帶我去當時很有名的生生美容院，忍痛穿了耳洞，我喜歡改造制服、又戴上漂亮耳環，很快就被教官抓到，當場被拔掉耳環，弄得都是血，我也不怕痛，又再次跑去穿，但畢竟知道要收斂一點了，這下不敢直接戴耳環上學，就用茶葉梗塞在耳洞裡，免得耳洞又癒合起來。

我轉學到高雄時降過級，轉回來多念一年，所以我在泰北中學成了初中部的最後一屆學生，回想起來，當年叛逆其實也不是真的多叛逆，除了在髮型制服上作怪，沒人是真的壞到哪去，只是學業成績不太好，言行舉止比較誇張，就被當作壞孩子。

幸好我媽根本不把學校的評價當一回事，我還是過得很快樂，每天都高高興興去上學，放學了就回到店裡吃飯，放假就陪我媽逛街看電影，最喜歡的科目是美術課，特別喜歡畫畫。

那時學校裡有髮禁，還禁止跳舞、禁止聚眾賭博，但這些被禁止的「壞事」，家人都教著我們做。因為我大哥讀空校，常常會帶朋友回家跳舞，我念初中時，他已經在臺中清泉崗擔任地勤，我也常跟著回臺中玩，跟媽媽、哥哥跳舞，陪家人打麻將是家常便飯。

我現在唯一在世的臺北阿姨想起我媽，仍然吃吃笑著說，她總是拉著大家去跳舞，我媽衣服又多又漂亮，姐妹們打扮要出去跳舞時，都去她的櫃子裡翻衣服。而我從小就喜歡跳舞，到現在還持續去上課，跳佛朗明哥舞。

我哥哥從空軍幼校念起，一直念到官校、飛校畢業，後來在臺中飛機修護廠當廠長，我的嫂嫂是四川人，也是空軍子弟，婚後兩人自然住在空軍眷村，眷村人家從小就學打麻將，這是在家應酬或是出門作客都應該要學的一門技術。

所以小孩先在家裡陪家族長輩打牌，我那些姪子、姪孫們，從小就在麻將桌上學算術。陪小孩打麻將的都是親戚朋友，孩子從小就學到很多麻將桌上的禮節、技巧，在家裡都學會了，出去都不會被人騙，而且如果有人打牌途中有事離開、或想去上洗手間，小朋友也可以幫忙代一下，這就是眷村的麻將文化。

有趣的是，因為在眷村裡，同村的男人們，職種都一樣，工作單位會派車過來接，要上班的男人們被接走以後。眷村有專門的菜市場，早餐不必煮，有人來擺攤，上班上學前，在村口吃早餐，一塊、兩塊、五塊就能吃飽。那時賣豆花的來，一塊錢就能吃一大碗豆花，還有豆漿、油條什麼的。買菜也不必離開村子，蔬菜、肉品也是有人會來村口擺小攤子，像市集一樣，所以眷村的主婦們不必去很遠的地方買菜。

然後大概到了十點多，老公上班，孩子都打理好了，就會有一排後門齊刷刷一起打開，那是村裡的太太們，個個都穿上好看的衣服、拿著包包，準備去串門打麻將。招待大家打麻將的主人家，會端出茶水、小點心待客，打牌的人也會留下一些小費表示感謝。我記得我哥哥的大兒子還沒上幼稚園的時候，我大嫂出門打牌就會跟他說：「媽媽去幫你贏水果錢囉。」

打牌打到中午，就隨便吃一些附近買的涼麵什麼的，小朋友則是要睡午覺，睡午覺起來，麻將才散會，大家各自回家做晚餐，而男人們休假時的娛樂也就是跟朋友去打牌，生活重心離不開牌桌，打麻將在我們生活裡一點也不「壞」。

後來考高中聯招，我初中讀成這樣，最後只能去放牛吃草的放牛班，根本不敢妄想能考上學校。媽媽卻笑說，反正都幫我繳三百塊報名費了，去考個經驗，感受一下也好，我當然沒考上任何一所學校。但我大弟當時跟我同一屆，他倒是考得很好，考上新竹高中，我這個做姐姐的本來就不會讀書，只能摸摸鼻子承認他比較厲害。他不但功課好，高中運動會還得過撐竿跳的全國第一名。

可是我媽完全接受我的優點跟缺點，即使我成績不好也沒關係，並不介意，而且我當時大概十七歲，已經交了一個比我年長的男朋友，是個馬來西亞華僑，為了做生意而來到臺灣，我們認識後，我媽也見過他，因為我知道自己就像孫悟空翻不出她的五指山，所以再怎麼做怪也不會瞞著我媽。

後來我跟男友兩人因為遠距離戀愛，不常見面，感情自然也就無疾而終了，我還記得有段時間常收到男朋友的越洋情書，他寫信很有古風，總是把我稱作「譚姑娘」，當時的戀愛感覺很古典吧？

歲月真奇妙啊，當年那個混放牛班、愛跳舞的孩子，搖身一變，也已經是給孫子講故事的外婆了，人生閱歷就像一本逐漸增厚的小書，偶爾翻出來回想，也是年紀大的好處呢。

# 青春臺北

當時臺北的天空還沒有太多光害，從年輕人的眼睛望出去，一切都是有光的，即使天上沒星星，也在心裡看到了。

讀泰北中學時，我跟繼父一家人住在東門市場對面，也就是東門町。我們租住在寶宮戲院的巷口，離戲院非常近，走下樓去寶宮戲院買票就可以看電影了，所以戲院一換新片，我們就能搶先去看。媽媽喜歡看洋片，出埃及記、伊麗莎白泰勒那些經典，都是我小時候跟我媽媽去看的。講國語的就是邵氏電影，如凌波演的片子跟黃梅調電影等等。除了寶宮戲院，還有有一家遠東大廈，南京西路圓環旁邊的派出所附近，他們也是專門放西方電影。

明星咖啡廳的老闆簡錦錐先生來上過我的廣播節目，聊起我們年輕時的臺北，我們你一句我一句的，因為走過同一個年代，打開話匣子就像老朋友見面一樣，聊得好開心。我隨口提到我媽媽在衡陽路買布，簡錦錐立刻問我，妳爸爸是不是國民黨的黨員？我說是，他就一口咬定地說：「那你們的衣服一定是在孔雀行買的。」

我當時想了一下，對呀！因為孔雀行就是當時衡陽路最大的童裝專賣店，裡面還有玩具、文具，就像兒童百貨公司一樣。

中華商場蓋好時我已經十幾歲，東門町離中華商場近，一班公車就到了，媽媽常帶我們去吃點心世界的鍋貼、酸辣湯、鹹豆花。而現在的大安森林公園當時還沒出現，原址是一片眷村，和平東路上很多攤子都是外省人出來擺攤，蔥油餅啊、炒餅啊、各省的小吃一大堆。

說來好笑，因為我們小時候都是吃鹹豆花加蛋，長大後才吃到甜豆花。後來才知道，原來本省人的經驗跟我們是反過來的，從小都是吃甜豆花，長大才知道有人吃鹹豆花。

至於西門町的名店，就是蜂大咖啡、白熊冰淇淋店，都是大家搶著要去朝聖的地方，跟現在的網紅店一樣，印象中還有一家西瓜大王，也是時髦的年輕人一定要去吃的。

我上中學以後，西寧南路才建了萬年大樓，那裡的臺北戲院專門播日本電影，所以我時常一個人坐車去西門那邊看電影，小林正樹導的《怪談》大概是我接觸過最早的鬼怪片，此外還在那裡看了《盲劍客》、三船敏郎主演的《宮本武藏》等等。我跟我媽很像的地方是，我們都很享受一個人的時光，不怕獨處，我一個人出門也很開心，有朋友陪也很開心。

瓊瑤電影大行其道的時候，被笑稱是「三廳電影」，因為裡面年輕男女的故事場景總是在客廳、舞廳、咖啡廳之間繞來繞去，但當時流行的休閒，的確就是看電影、喝咖啡、跳舞。

看一場電影大概要三十塊錢，以我的零用錢來說，喝咖啡就看不了電影、看電影就喝不了咖啡。但媽媽一向很信任我，只要我誠實告訴她我要去哪些地方，需要多少錢，她就會如數給我需要的零用錢。至於去喝咖啡，其實也不是跟誰有約，而是因為娛樂場所少，年輕人們總是不約而同地往咖啡廳跑，最後就會碰在一起談天說地。

我記得當時的咖啡沒有現在的花樣繁多，只分冰咖啡或熱咖啡兩種，桌上有奶精跟糖可以加。單點一杯咖啡要十幾塊，一杯咖啡比搭公車還貴，有時碰上聊得來的朋友，五六個人坐滿一桌，卻只有我點了一杯咖啡在撐場面，這種好笑的事也只有年輕時才會發生吧。

大家湊在一起時，我們就東拉西扯聊著西洋歌曲、外國電影，在那群朋友中，我應該是年紀最小的，反正大家聊完就散會，各自回家，也沒有誰請誰的壓力。倒是我有時候還會奢侈一下，自己去附近的西餐廳吃晚飯，一個套餐，沙拉、濃湯、米飯、主菜、餐後飲料，這樣吃下來好滿足喔！是屬於我自己的小小的奢侈。

至於聽音樂，除了聽黑膠唱片，我也常去中山堂聽演唱會，除了臺灣的新式樂團譬如雷蒙，還有不少菲律賓的合唱團，當時我們聽很多菲律賓樂手帶來的熱門音樂，從中山堂聽完演唱會走出來，身心都還沈浸在搖滾的節奏裡，當時臺北的天空還沒有太多光害，從年輕人的眼睛望出去，一切都是有光的，即使天上沒星星，也在心裡看到了。

泰北中學畢業後，媽媽知道我不是讀書的料，但她說機會難得，還是讓我去考聯考，就當做一個經驗吧！所以我毫無壓力地去考了聯考，雖然榜上無名，媽媽卻打聽到稻江商職的夜補校有廣告設計科，很適合我，而且沒有髮禁，不必剪短髮。所以就替我報名了。我當時是晚上讀夜校，白天學洋裁。

稻江商職是臺灣第一個有攝影科的學校，雖然比不上復興美工，但我們的美術設計跟廣告設計科也很專業。創辦凱渥的洪偉明就是攝影科的，他很年輕時就開始跳舞了，另一個舞者則是馬雷蒙，他是我廣告設計科的同班同學，他在學時已經在電視台伴舞，印象中他總是請假，缺席比出席多。

一年級的時候我們都是上普通科目加繪畫課，當時的素描分數我一直都是全年級最高分。二年級開始有設計課，平面設計我還可以，但是立體設計，就要有數學的底子，我吃虧在數學底子不好，沒辦法跟男同學爭第一。

攝影科時常有老師帶隊，一群師生們出去攝影，而我們學設計的女生，總是會把自己的美感放在打扮上，所以他們時常邀我們班的女生一起出去，我常常充當攝影科同學的人物模特兒，我那時已經學了洋裁，時常穿自己設計、製作的衣服，甚至是泳裝、比基尼等等，同學們也不讓人失望，即使是非專業的模特兒，也拍出了外國雜誌拍時裝秀的氣勢，我們把大膽時尚的妝容往臉上抹，流行元素統統穿上身，至於耳環、項鍊、鞋子則是從媽媽的衣櫃裡找出來的，自己混搭。

攝影科的同學們把照片拍好，在暗房裡洗出來以後，除了交作業，也會拿照片來送我做紀念，女兒歐陽靖挖出這些照片時，還說我尺度好大。哎！我說她看錯重點了，請看看我的打扮多時尚呀！一點也沒退流行。

有時我隨口說臺北哪個地方怎麼樣，跟歐陽靖印象中的現代臺北已經不一樣了，我們母女兩代的記憶疊影起來，臺北也跟著更寬、更廣，像折放的地圖，我跟著年輕人去認識新臺北的同時，也一樣很難忘懷過去，常想跟年輕人聊聊舊臺北。

雖然臺北的每個角落都有我生命的點點滴滴，但回想起來，家住東門町時，是我最無憂無慮的青春記憶吧。

# 我的志願

不管搬了幾次家，媽媽家裡總有個櫃子專門收藏她去布莊剪回來的各式布料，印花布、絲綢、燈芯絨等等，開了櫃子就是一個光彩閃耀的世界。

從小我就不愛讀書，卻非常喜歡唱歌跳舞。媽媽愛看電影，臺北阿姨（外婆的乾女兒）愛唱戲，而我，不管大人帶我去看電影還是看戲，我只要看過就能把台詞、劇情都牢記在心裡。小時候去臺南阿姨家過暑假，他們住的是台糖的日式宿舍，左鄰右舍都是熟識的人家，晚上鄰居們聚在一起聊天消暑，我一個人就把一整齣的黃梅調電影演給大家看，大人們看我都覺得很有趣。

媽媽對子女從來沒有什麼強烈的要求，對我倒是寄望頗深，一直認定我可以上台演出，但小時候我對未來的想法卻很實際，就是平凡的結婚、養小孩，做個隨處可見的媽媽，不過，實際歸實際，那個披著桌巾唱黃梅調，愛表演的小女生，也是我的另一面，除了喜歡唱唱跳跳外，我就是愛漂亮，這得要從我媽的「家學淵源」談起。

我媽媽身形修長窈窕，高鼻子、鵝蛋臉，皮膚又白皙，她年輕時去東北，當地人都以為她有白俄血統，她在那裡買的皮草大衣，一直都還留在身邊，她本來就愛漂亮、愛買衣服，有了我這個女兒後，自然盡情地打扮我，再加上後來的小妹，媽媽就更愛買衣料、飾品了。

不管搬了幾次家，媽媽家裡總有個櫃子專門收藏她去布莊剪回來的各式布料，印花布、絲綢、燈芯絨等等，開了櫃子就是一個光彩閃耀的世界，當時的衡陽路，整條路上都是布莊，還有專門賣國外雜誌的店，我媽媽以前在海南島就經營過委託行，對西洋、東洋的新流行很感興趣，她按時買國外的雜誌回來看，我也跟著看，當時有美國的少女雜誌《Seventeen》，日本的服裝雜誌《裝苑》等等。我從外國雜誌上接觸到許多養分，因此我從小就愛美的事物、更愛畫畫。

媽媽心靈手巧，看著雜誌上的毛衣樣式好看，她就能動手打一件出來，看到喜歡的衣服樣式，就請裁縫做一套一樣的出來。媽媽甚至會讓我自己設計我想要的衣服，再請裁縫照著做，讓我這個愛漂亮的小少女滿心幸福，衣著時尚也成了我生活中的一大快樂。

雖然讀書成績吊車尾，但因為我愛時尚，我就把腦筋動到這方面，不知從什麼時候起，我開始嚮往能當個服裝設計師。高二時，蘋果牌泳裝登報徵求新的泳裝設計，我主動畫了設計圖去參加，還得到面試的機會。我記得跟主管面談時，那位女士對著還是學生的我說，我畫得很好，設計理念也不錯，但公司要僱用的是會打版的設計師，她鼓勵我去學。

打版？原來設計衣服還要會打版啊！我熱切地想學打版，這時，附近洋裁店的女老闆，她自己就是登麗美安的畢業生，聽說我想學，就熱心地介紹我去登麗美安裁縫學校上縫紉課。

登麗美安是日本人開設的裁縫補習班，學費不便宜，學校裡面的老師很多都是日本人，即使是臺灣人，也都是上過完整的日本課程，所以全部都會說日語。當時，想到日本學服裝設計的臺灣學生，必須要在登麗美安重新學習過，才能得到日方的認可。

然而我去報名初級班後，才發現初級班的課程根本還搆不上設計的邊，得先從手工針縫、腳踩縫紉機、操作拷克機等等，從最基礎的縫扣子、開扣眼起，一樣一樣地學，做出來的成品不對，就要拆掉重來，直到完美無缺為止。家裡的針車老舊，一出錯就卡住，卡住了就得拆掉重來，我在家不停地試誤、重來，媽媽說，她沒想到我會有這個能耐學下去，我也對自己很驚訝，連暑假作業都要大哥幫忙捉刀的我，竟然耐著性子，做了好幾個月的手工，拆了又拆，縫歪了就是重新來過。

在洋裁學校上完初級班之後，我繼續上了中級班，中級班學到的課程，已經慢慢接近我夢想中的服裝設計師了，開始學打版，拿起三角型的粉土餅，在布料上點點畫畫，因為我本來就愛嘗試創新，之前常跟著媽媽去剪布做衣服，看多了，自己又經過初級班的鍛鍊，就開始看雜誌上喜歡的式樣，找適合的布料做泳裝、內衣褲，這類貼身衣物市面上常常買不到喜歡的，而我已經可以自己動手做出滿意又實用的衣褲來穿。

當時我每個禮拜都可以做一套新衣服給自己，譬如第一次在雜誌上看到螺旋裙，市面上還沒出現，我就先用報紙去拼湊出來，修修改改，隨心所欲，然後選布，最後是剪裁布片跟縫合，穿上身就是一套獨一無二的時裝。

我膽子越來越大，看上我媽媽在東北買的貉絨大衣，那些毛皮大衣在臺灣根本穿不到，而且那些款式都很古老，墊肩很大，所以我就幫媽媽改裡子，那時迪化街才剛剛開始有人工毛料，我就動手改毛皮大衣了，切割皮革得用很利的刀，是我根本沒碰過的高級品，但我膽子很大，不但改了毛皮大衣，我還開始製做禮服，因為我不按牌理出牌，時常異想天開，用各種自己想出來的方法打版，高級班的老師也滿欣賞我的，不吝於稱讚我，還說，其實高級班的打版方式我已經都會了。

那時成衣市場開始興起，我才剛念高級班兩個月，未來目標是師資班，但恰巧看到有成衣廠在徵打版師，我就信心滿滿地去應徵，也應徵上了。這幾年的努力，終於開花結果了！年輕的我只覺得自己好幸運啊，沈浸在找到工作的喜悅裡。

# 送別

爸爸的皮膚從原本在世時的
柔軟，後來變得緊繃而發亮，
好像質地改變了，煥發出了
不是人間能有的光澤。
我心裡很明白，現在，我們
父女已經是天人兩隔。

臺灣樟腦場的人突然找到我們家來，說，我爸在臺大醫院已經住了三個月，期間一直是樟腦場的工友在醫院照顧他。

我嚇了一跳，趕快去臺大醫院看他。當時我在稻江夜校讀三年級，上學期還沒結束，了解爸爸的病情後，我就辦了休學，住在醫院陪病。

原來爸爸並不知道自己得了糖尿病，因為當時末梢神經已經很遲鈍，冬天泡腳，水很熱卻不知道，燙傷了腳，然後一直沒好，所以去看腳，這下才知道是很嚴重的糖尿病。

我大弟在新竹高中讀書住校，小弟在念大安國中，我媽媽去看小弟，發現他沒人在身邊照顧，吃也沒吃好、穿也沒穿好，身上那套制服就是破破爛爛的，媽媽當機立斷，把小弟接回身邊一起住，又讓大弟轉到淡水中學唸書，離家近一點。

我起先也不知道糖尿病人該怎麼照顧，是一點一點從頭學起，當時我爸爸的腳傷絲毫也沒痊癒，甚至一直惡化，所以每天都要用藥水泡腳、換藥，醫院的營養餐都是特別為糖尿病人做的，除此之外，飯前飯後還要測血糖。

這段時間算是一段我跟爸爸很重要的時光，除了調養身體以外，每天有精神的時候，就會把他的心事全部都交代給我，跟我講好多好多話。

每天三餐，是爸爸吃了營養餐、吃藥、測血糖都弄好了，我才自己去醫院附近找東西吃。當時買個蔥油餅或便當什麼的，去新公園（二二八公園）找個長凳坐下來吃，喝一杯公園號酸梅湯。陪病的人是打地鋪睡在地上，沒床墊，只能鋪一個比較厚的紙板，每天晚上把紙板從病床底拖出來，鋪上棉被枕頭，才能睡覺。洗頭洗澡也是趁下午的空檔回家洗。

這樣的生活過了將近一年，醫生才說，爸爸的血糖變得比較平穩，可以替他作截肢手術了。我當時就在手術房外面等，手術房跟外頭隔著一扇木門，門上有一個圓窗，我等啊等的，真的等好久，也沒有人跟我說什麼時候會好，彷彿永遠沒盡頭地等下去，我等到心慌，終於忍不住站起來，去門邊透過那個圓窗往裡面看。說也奇怪，為什麼偏偏就在我起身去看的那一瞬間，我看到醫生握著我爸爸手術切除的腳經過窗前，手術房內外只隔著那扇窗，我恰好走過來往裡面看，醫生也恰好提著切下來的腳經過，就是整個膝蓋以下的部分，我看到他握著爸爸的腳經過，畫面很衝擊，我愣了一下，之後反而不慌亂了。

爸爸截肢後，為了做義肢跟復健，我們又在台大醫院住了一陣子，醫院希望他可以學習自己行走，但我爸也老了，體力沒有那麼好，實在沒有辦法，只能以輪椅代步。我想了又想，最後決定帶他回去，自己在家照顧他。

在爸爸出院之前，我就試探地問了一下，說，有人要來看你，你願不願意？我爸爸其實也知道我在指誰，他說好，因此我趁有護士來幫手的時候，回家換洗衣服、洗頭洗澡，然後我跟我媽說，就是今天了，去見一面吧。

當時我媽好緊張好緊張，我還安慰她說，爸爸現在都很溫和，心境也很穩定，我陪著媽媽進病房，我媽就站在床邊不說話，我爸也好一陣子沒說話，兩人沈默了好長時間，空氣都顯得特別凝重，往事像河流一樣都過去了，最後是我爸先開口說：「謝謝、謝謝妳，照顧兒女。謝謝妳讓小妹來醫院照顧我。」

這次見面，爸媽的恩恩怨怨似乎都在無形中化解掉了。不久之後，我替爸爸辦好出院，我們父女倆就還是住松菸旁邊的宿舍，我比照醫院的辦法，煮菜也是煮適合糖尿病人的菜，每天餐前餐後測血糖，也常常推著他的輪椅在宿舍空地裡面轉一轉，曬太陽，但這些只能幫助血糖平穩，沒辦法阻止爸爸的神智變化。

爸爸開始不認識我了。

他不認識我，只好叫我「小姐」，我也就叫他「先生」。然後他會把我當成陌生人，跟我閒聊，有時講他女兒很漂亮、很會做衣服，有時聊起他老家的山水跟地形，有什麼傳說典故。並且會把宿舍的鄰居認成過往他小時候認識的人，彷彿他還住在老家，這算是比較好的時候。

比較不好的時候，他會像小孩一樣，在晚上害怕、哭泣，跟我說外面有很多不好的東西，他們都會從窗戶鑽進來，所以都要把縫隙貼起來。我反覆哄他說沒事了，他才會去睡。

我發現他神智狀態越來越不行了，有天晚上他還推著輪椅要衝出去，要去打什麼也不知道，就像他的記憶帶他回到以前的某個時空，那個時空可能是戰爭時期，他又回到恐懼中，模模糊糊地，只知道彷彿有什麼要對抗、要守護。

我當時不知道，經歷過嚴重創傷的人，自己會回到一個安全的記憶裡面，退縮到這個殼裡面，來保護自己，很多經歷戰爭的退伍軍人都有受創後的心理問題，而老人則會回到一種自我保護程式，像我婆婆後來失智時也是這樣。

但當時我沒有這些知識，只覺得爸爸狀態很不好，我怕我沒辦法照顧好他，於是我打電話去耕莘醫院，找一個湖南同鄉的長輩，告訴他爸爸很不對勁，那個長輩立刻叫了救護車過來，送到醫院檢查，才發現爸爸當時的血壓飆到兩百三，而血糖在我小心的照顧下，反而是正常的。

送進耕莘醫院的第二天，爸爸就昏迷了，接下來就沒有清醒，一個月後爸爸過世，病人過世，耕莘醫院的修女們都來幫忙禱告。

當時是冬天，我將醫院的病人服脫掉，把我給他做的上衣、外套、毛呢長褲，都一件一件穿上，全身衣服穿好，才將他推到太平間。醫院的人說會幫我聯絡葬儀社的人來，但我也不知道什麼時候才會來，於是我就端一把凳子，自己坐在爸爸身邊，爸爸躺在一個洗身體的台子上，當時天色很陰暗，太平間裡的燈則是昏昏黃黃的。

我坐在爸爸身邊，看著爸爸的臉跟雙手，他的皮膚從原本在世時的柔軟，後來變得緊繃而發亮，好像質地改變了，煥發出了不是人間能有的光澤，我忍不住輕輕觸碰爸爸的手，觸感與生前截然不同，我心裡很明白，現在，我們父女已經是天人兩隔。

一直等到晚上，葬儀社的人開了一台普普通通的舊貨卡來，從外觀上根本看不出是運送大體的，我爸已經瘦到只剩四十幾公斤，我在家幫他洗沐、換衣服時都能將他抱起來，奇怪的是，那兩個很有力氣的大男人卻幾乎抬不動他，費了很大的勁，而且沒辦法好好把他抬上去，也沒辦法穩穩放下來，放下時幾乎是甩下來的感覺，看得我心驚膽跳。

整個葬禮由湖南同鄉的長輩出面，也找了不少人來幫忙，我在松菸那邊的宿舍裡準備一個簡單的牌位，好讓鄰居親友來上香，同鄉長輩們問我，準備了什麼顏色的蠟燭，我說白色的，沒想到大家說不行，要用紅色的，原來我爸爸來臺灣辦證件時少報了幾歲年紀，他其實是民國前五年出生的，過世時應該要用喜喪來辦。

那時是農曆過年前，我照著爸爸的意願跟同鄉的長輩們說，爸爸想回大陸，想葬在高一點的地方看對岸，長輩們就說，那先在陽明山公墓安葬，以後再打算。

二十歲，我送走了爸爸。

# 幸運女郎

說到定製衣服，從古至今都一樣，需要常常爭奇鬥豔、推陳出新的就是娛樂行業……晚宴裝、小禮服、舞衣什麼的，一般成衣公司不會生產的衣服，對這些舞小姐來說卻是每天晚上都要穿的。

繼父跟媽媽開的東寶音樂咖啡廳，是個有點神秘的地方。高高的吧檯，幽暗的情人雅座，從外面看不清楚店裡的情況，因為沈重的木門雖然鑲著玻璃，可是裡面燈光昏暗，無論日夜，從外頭都只能看見倒影。營業時間陸續推門進來的，是來上班的時髦女郎們，她們都有響亮的花名，莉莎、甜甜、小雪……一聽就知道不是她們真正的名字，接著上門的，就是追逐她們而來的男性客人。

我念稻江夜校時，週末也會去替我媽媽看店，看店時要在一本子上畫格線，譬如莉莎今天來上班，那就畫一格，前面寫上名字，後面記錄，幾點的客人來找莉莎，陪了多久等等。等客人結賬時，就把莉莎的小費算在裡面。有些小姐很受歡迎，譬如甜甜很受歡迎，那我就知道，那個格子要畫大一點，因為同時會有各個不同的客人來找她，客人多，她的台子多，茶資、小費當然也會多很多。

有時我們母女三人出門購物，要搭計程車回店裡，媽媽一般會跟司機說，「請到信義路二段某某巷口。」小妹有時補上一句：「東寶音樂咖啡廳。」我媽就會「噓」她一聲。因為我們這樣的店算是特種行業，對外人還是有所保留，我媽不太喜歡讓人知道。

特種行業是要得到營業許可才能開的，每一年都要重新申請執照，還要到特種營業的工會去繳規費，我記得當時一年要繳八萬塊，他是按照店面大小的坪數來計算，以民國六十年來說，是一大筆錢，雖然會費很貴，可是但凡黑白雙方需要打點的地方，工會都會去打點，讓我們避開麻煩。至於小姐跟客人們的關係如何，店家不會過問，可是店裡的生意畢竟要靠這些來上班的小姐才做得成，所以店家也還是要注意她們有沒有被客人欺負、或是她們生活狀況如何。

這些所謂的風塵女郎，多半都是很單純的女人，我跟爸爸住在廈門街時，就曾經認識一個對我們姐弟很好的阿姨，她高大又好看，每天都化妝，穿著浪漫的蕾絲睡衣，而且還救了我們好幾次，要不是她，恐怕我大弟會被爸爸失手打死。

奇妙的是，在我的工作上，風塵女郎們也是我的貴人，她們都是我的幸運女郎。

我的第一份工作，是在一家小小的成衣工廠當打版師，當時我以為可以一圓設計夢，滿懷喜悅地去上班，卻發現設計成衣跟我自己設計衣服有很多落差，工廠會先讓我們畫設計圖打版，然後買合適的布料。布商有新的布時，布商的業務也會送過來讓我們選布，當然我們布料也不會買太多。

當時政府鼓勵民間企業投入生產，口號說「客廳即工廠」。我們也是這樣，其實產量很少。做出來的衣服就在外面的服裝店鋪貨銷售，不是批發賣斷的。

現實的考量就是，如果你設計打版的那套服裝賣不好，被服裝店退回來，那工廠就虧損了。一個款式賣不好，背後可能有很多理由，當時臺灣成衣業剛興起，競爭很多，而且當時經濟狀況好的人可能還是會選擇去定製衣服。一般去買成衣的人自然都是想省一點，買物美價廉的東西，所以買一套衣服要可以穿很久，衣服款式就要很實用才行，也許喝喜酒要穿，一般出門也要穿，不太可能為了一個場合就買一身新衣服。賣得好的衣服都是款式比較樸素，布料比較堅固，也要經得起長時間洗滌的。所以嬌嫩的顏色、新奇的款式、太昂貴的料子都不是成衣市場能接受的設計。

現實的考量那麼多，設計的空間就很少，我在這份工作裡，越來越無力，覺得自己沒辦法發揮，好不容易當上打版師卻不能做自己想做的設計，很悶。還記得當時有個身障的女孩，她住永和，自己跑到我們廠裡毛遂自薦，說想當學徒，我們老闆也是人很好，讓她留下來縫扣子，踩針車，但是她其實腳不方便，不適合踩針車，又想學一技之長，所以我答應教她打版，還每週找一天去永和教她些簡單的打板基礎。可惜那個工廠大半年來一直就是不賺錢，最後只好讓員工走路，我就被辭掉了，我教這個女孩的打版課也就這麼結束了。

沒想到柳暗花明，我碰上了一份更適合我的工作！以前在「今日百貨公司」那棟大樓的樓上有很多工作室，有個湖南人老闆，因為他也是我們湖南老鄉，就找上我，說他女兒喜歡服裝，老鄉想開個服裝店給女兒管理，所以他想僱用我來負責服裝，老鄉的女兒其實也不懂製作，既然老闆出錢讓女兒管店，那我就負責產品。我自己去找了打版師跟裁縫師來，專門讓人定製服裝，那時我們的運作有點像是現在歐洲品牌才有的高級定製服。

說到定製衣服，從古至今都一樣，需要常常爭奇鬥豔、推陳出新的就是娛樂行業，我們運氣不錯，先接到幾個舞小姐的訂單。哇，替她們做衣服，可以設計好多新花樣，而且不必管實不實用，成本高不高，晚宴裝、小禮服、舞衣什麼的，一般成衣公司不會生產的衣服，對這些舞小姐來說卻是每天晚上都要穿的。

托這些舞小姐的福，一傳十十傳百，這家店的小姐來請我們設計她的新裝，那家店的小姐聽到風聲，也跑來找我們，非要我們也替她做衣服，這下子我有一個新的舞台去發揮自己的創意了。而且我們請的裁縫師傅非常棒，那是個老師傅，他做衣服有多年的經驗，尤其量身定做裁剪貼身的衣服，最能凸顯他的手藝精湛，我跟他學了很多東西。

同時，有個新開的服裝設計學苑，也找我去當服裝設計素描及打版的老師，我原本教那個身障女孩時，還沒想到自己有一天會當上教打版的老師呢。所以我忙得不亦樂乎，一邊做服裝定製的生意，一邊做教學工作。

這一段忙碌的時光，正是我年輕又朝氣蓬勃的時候，我自己沒注意到身體負荷太大吃不消，年輕人因為身體好，常常忽視自己的健康，我也不例外，我的身體突然不舒服起來，起先是鼠蹊部到大腿都痛，剛開始還疑惑，是不是婦科問題？可是因為忙嘛，我就告訴自己，先忍一忍好了，有空再去看醫生，後來則變成是腰痛，非常痛，痛到受不了我才去中心診所看內科。

檢查後，醫生說這是盲腸炎，而且白血球已經超標，表示發炎很嚴重，再拖下去要變敗血症了。我當時也搞不清楚，只擔心手術疤痕會很難看，醫生說，放心，保證妳還可以穿比基尼。他要我簽字，我就自己在手術同意書上簽字，然後做了手術前的準備，乖乖躺下來被推進手術房。

到現在都忘不了的是，記得麻醉的時候，他對我說：「小姐，妳的眼睛很漂亮。」我聽了心裡很開心，就笑了一下，眼睛一眯上，就不省人事，彷彿電影畫面那樣，眼睛再睜開，手術已經做完了。

手術後，我請了長假在家休養。當時沒想到，拐了這個彎以後，我的命運又發生了新變化，讓我跟剛起步的設計工作失之交臂，只能說，枉費「幸運女郎」們幫了我那麼多，我跟我的設計師生涯就這樣錯身而過了。

# 演藝圈

我們一直不斷在找尋自己的角色跟舞台，也經由演戲體驗了不同的人生，不過呢，老話說得好，人生總是比戲劇更精彩。

我從小身體瘦弱，但幸好沒受過大病大災，第一次動手術就是割盲腸，當時沒有內視鏡之類的微創手術，都是直接在肚臍旁邊切開腹部，我愛美，還想美美的穿比基尼，所以請醫生在比較低的地方下刀，代價就是要休養比較久。

因此工作請長假，在家裡躺著養病。爸爸過世後，我們幾個孩子都跟媽媽、繼父住在一起住在光復南路松菸旁邊的公賣局宿舍，也就是現在巨蛋的原址，當時那附近還有火車平交道，也就是現在的市民大道。滿空曠的，民家也很少，不遠處就是嶄新的華視大樓，我媽以她天生當里長的長才，聽說華視在招考學員，有攝影班跟演員訓練班，當時我弟弟也高中畢業了，他一直沒準備大學聯考，也不知道未來有什麼打算。我媽也不急，只是問他要不要去考攝影班？又勸我去考演員訓練班。

在媽媽的勸說下，大弟跟我都去考了，那時我還沒有意識到自己要做演藝工作，只是媽媽建議我們去，我就去試試。後來才知道訓練班挑選的很嚴格，而且我們考試時，主考官一排坐的都是導播、導演，因為華視正急著要培育自己的人才，希望學員受訓以後就能開始為華視工作。

當時我跟大弟都考上了，大弟同時還考上了救生員執照，他後來沒去上攝影班，反而跑到福隆去當了一夏天的救生員。其實他年幼時得過小兒麻痺症，小時候一腳粗一腳細，跑起來是跟小姑娘一樣，只能一跳一跳的前進，但他一方面也是好動，一方面是青春期時，很想吸引女生的眼光，所以他一直都沒放棄運動，連撐竿跳都贏一般人，游泳更是他的強項，慢慢把萎縮的小腿練壯起來，後來還做了脛骨手術，成年後走路就跟一般人差不了多少。

我媽媽很喜歡我大弟這種天不怕地不怕，聰明又調皮的個性，或許他們是惺惺相惜吧？因為我媽也是這種性格，所以特別跟大弟有共鳴。大弟高中畢業後，跟媽媽商量，他不要馬上考大學，請媽媽讓他痛快玩一年，我媽媽竟然也答應了，隔年大弟在聯考前快速的收心，考上海洋大學航運系。媽媽對小孩開明、信任的教育，也深深影響我對女兒的教育態度。

倒是對我，我媽使出了她一切的手腕，就是想要我去上演員訓練班。可是，我明明有很好的工作，除了在公司作服裝設計，我還在當打版老師，事業正在起步，我怎麼捨得放下這些去演員訓練班上課？而且演員訓練班要讀兩年，兩年內我都沒收入怎麼辦？

我媽拍胸脯，保證我的花費都包在她身上，我沒錢，她養我。看我還不太願意，她又使出新招式，就是哭，她哭哭啼啼說，其實她年輕時曾經獲得拍電影的機會，差點就能當上電影明星，還說，當時的丈夫葉將軍也很支持她，這點我相信，因為從照片上看，我媽媽當時化妝，竟把眉毛化成綠色，就算是現在可能也會引人側目，但一九四〇年時，我媽在中國就是這麼奔放了，葉將軍也不置一詞。

總之，我媽媽真的有演戲的才情，她梨花帶雨，一直哭著說，要不是我外婆抵死反對，她一定會有一番前途。

媽媽從小愛看電影，我外婆卻老愛說電影是魔鬼，人不應該會跑到螢幕上面，這種前清的思想，一直都沒嚇唬到我媽。她的偶像是拉娜・透納（Lana Turner）、英格麗・褒曼（Ingrid Bergman）、貓王（Elvis Presley）等等，現在想起來，我發現她偏愛的明星都是氣質出眾的美女跟憂鬱的帥哥，《冬季戀歌》當紅時，裴勇俊也賺走她好多眼淚。

還記得媽媽帶我去看拉娜・透納主演的《X夫人》（Madame X），我媽看得如癡如醉，不准我們在戲院裡說話，不准吵她。電影裡X夫人的造型就是用一條頭巾把頭包住，我媽也總是這麼做，那時我才恍然大悟，原來我媽除了是個電影迷，還抱著明星夢呢。

既然媽媽動用了淚眼攻勢，又保證給我經濟支持，而我自己也滿喜歡表演的，我就放棄工作，成了演員訓練班的學生，在兩年的訓練班時間中，班上很多才貌雙全的同學，早就開始主演連續劇、拍電影了，我們外形比較一般、身材條件不如別人的同學，就只有被製作人嫌棄的份，但大家都很愛表演，所以一起學習、實習，交了很多朋友，同學中不乏像我一樣，原本有自己職業的人，譬如顧寶明有駕駛重型機械的執照，李立群是海員，他們常說如果在演藝圈一直沒機會，一個要回工地，一個就去跑船，但事實證明他們全身是寶，才華洋溢，演員路一直走到今天。

訓練班結業後，我們在華視簽了基礎約，算是演藝圈的新人，我參與的第一部電影是一九七六年，由林鳳嬌擔任女主角的愛情片，雖然也開始拍片接工作了，卻一直沒有打開知名度，演電影都是演主角的妹妹、或是同學之類的。

結果，我是因為在綜藝節目上演搞笑短劇，當崔苔菁的班底才為人所知。我們幾個突然就紅了起來，當時我老是跟李國修演夫婦，被歸類到女諧星，大概要感謝媽媽傳給我的幽默感吧？總之，那幾年我們一群演員搞笑、扮醜樣樣都來，當上演員並不讓我覺得自己有什麼不同，但是能演戲、上舞台表演，讓我過得很痛快，我想這是所有演員都有的特質，我們一直不斷在找尋自己的角色跟舞台，也經由演戲體驗了不同的人生，不過呢，老話說得好，人生總是比戲劇更精彩。

# 改變命運的戀愛

我喜歡的是歐陽的幽默跟思路，雖然他有時會把我氣得頭頂冒煙，可是這個世界上，要找到三言兩語就讓你笑出來或是火上來的人，可不容易啊。

我談了一場改變命運的戀愛。

跟歐陽傑相識時，我已經在做演藝工作，算是公眾人物，當時的男朋友是飛官轉民航的機師。雖然我有男朋友，但歐陽傑跟我才剛認識，他就表明，他是喜歡我的，歐陽就是這麼直來直往，是個不拐彎的人，奇怪的是，我也不覺得唐突，反倒想好好整理自己的感情。

當時的男友比我年長很多，條件很優越，在交往中，他也帶我回去見過他的家人長輩，大家都很支持我們在一起，但他卻沒有想結婚的意思，表現得不太在乎我。如今碰上歐陽傑這樣單刀直入的追求者，我乾脆就跟那個男朋友說了，我說，現在有人喜歡我，你怎麼看？

沒想到對方竟說，那妳跟他交往看看啊，等我想結婚的時候，妳再跟他分手好了。我不知道他這些話是出自試探還是真心，可是這個說法真的一下子踩到我的地雷，到底把別人的感情當什麼了？怎麼可以這樣！

我當下就跟對方分手了，而歐陽剛好穩穩地接住剛剪斷舊情的我。我們交往後，也認識了彼此的家人，等到我們準備要結婚時，前男友聽說了此事，竟然還打電話給我、想挽回我，叫人好氣又好笑。

繼父因為曾做過警察工作，他用警隊的「八號分機」查過歐陽傑，知道他是竹聯幫成員，還坐過牢、有幫派份子的身份，繼父大為反對。

我媽媽對有草莽氣息的男生並不討厭，因為葉將軍其實也是地方幫派出身，是洪門的人，我媽還常說，民國初期官員都是洪門出身的，如果沒有洪門的成員，革命怎麼會成功？所以我媽一點也不排斥歐陽的黑道背景，但媽媽畢竟還是媽媽，別的事她都開明得幾乎沒神經似的，但每當兒女要結婚，她就意見多，渾身不對勁，這下輪到我，她也一樣，跟我鬧了一陣。

雖然全家吵吵鬧鬧拖了一陣子，最後我們還是依照我媽的主意，婚禮在聯勤信義俱樂部辦了舞會，不是傳統的宴客，反而採用自助餐式的宴席，當晚老媽開心地跳了一整晚的舞，從第一首歌跳到最後一首歌。

當演藝人員，嫁給黑道大哥，這種經歷說來滿特別的，但我回想起來卻很踏實，可能是因為歐陽傑這個人實在吧。他非常愛老婆，嘴邊常掛著一句話，就是老婆大過天，對我來說，無論是走紅了，還是跟歐陽傑談戀愛，都沒有腳踏不著地的感覺，反而覺得自己在錄影工作上就像一般人上班一樣，走進婚姻也是滿自然的，就是平平實實地結了婚，我身邊的藝人朋友都很喜歡跟豪爽的歐陽相處，巴戈、葛小寶、顧寶明、陸一龍他們，都很愛跟歐陽一起出去玩。

歐陽傑當時在中山區經營夜總會，身邊也有很多幫忙辦事的小弟，他們有些都比我年紀大了，還叫我大嫂，我阻止不了他們這樣稱呼我，後來也只好大方接受，拿出「大嫂」應有的風範，凡是聽到有人喊我大嫂，我就眯眼微笑，就當做是家裡多了很多遠親弟弟。

對我來說，跟歐陽傑在一起是很輕鬆的，我並不覺得他的身份有多特別，我喜歡的是他的幽默跟思路，雖然他有時會把我氣得頭頂冒煙，可是這個世界上，要找到三言兩語就讓你笑出來或是火上來的人，可不容易啊。

歐陽也很了解我，或者該說吃定我吧？他知道我心軟好說話，他剛開始收養狗的時候，他就歪理一堆，說一個狗碗跟三個狗碗也沒什麼不一樣，就這樣收養的流浪動物越養越多。

我曾經很怕老鼠，連迪士尼（我們當年說是迪斯耐）的米奇老鼠也無法忍受，他竟然說他知道怎麼「治療」我的怕鼠恐懼症，治療方法是把我綁在椅子上，然後讓老鼠靠近我的臉，讓我跟老鼠面對面，知己知彼，不再害怕。

我光是聽到這段形容就已經全身起雞皮疙瘩了，氣到猛跳起來，對他狂罵髒話，他還笑到不行，這可能就是我們特殊的相處方式吧。最後他扯謊說，有對天竺鼠被主人遺棄，我們非收養不可，逼得心軟的我接下養育大任，果真讓我不再害怕鼠類。

為了不讓懷胎五個月的我太過勞動，他曾經狠下心把當時撿到的癩皮狗丟了，我發現後，傷心大哭，他也後悔了，卻又找不回癩皮狗，我想到帶著身上不斷化膿、需要我親手照顧的癩皮狗，就很心疼，歐陽也跟著懊悔，我很少看他有什麼做了卻後悔的事，這是其中一件，但似乎也是因此，開啟了我們兩夫婦同心愛護動物的長路。

另一件他做了又後悔的事，是刺青，為了金盆洗手，他曾經去診所諮詢怎麼把刺青洗掉，但以前的手工刺青跟現在用機器刺青是不一樣的，以前都是把染料刺進皮膚深處，而且手輕手重沒辦法一致，鐳射洗刺青很難受，洗了也未必洗得掉。

關於這件事，我反而勸他，沒什麼好洗的，這是你的一部份呀！又有什麼不好呢？他也就打消了這個念頭。

打從一開始，我喜歡的就是歐陽直率、至情至性的性格，在我們交往、結婚這段時間，他又因為養狗、照顧女兒，變得更為細心、體貼，愛犬、愛貓過世時，他會放聲大哭，為了家小，他也學到要忍氣吞聲，不再用江湖法則衝動行事。

最重要的是，我們都在彼此身上找到家的溫暖，人生雖短，但相伴永遠。

# 女兒

醫院的護士們都說歐陽靖是班長，因為其他的小寶寶頂多住一周就會被爸媽接回家了，歐陽靖卻住了一個多月，永遠都是育嬰室的老大。

懷上我之前，媽媽曾有一陣子慣性流產，我爸的湖南鄉親對她沒一句好話，還說：「陳景文是假懷孕。」我媽當然氣不過，當她不幸地再度小產時，異想天開，竟然請醫生一定要把那個很小很小、未成形的胎塊交給她帶回家，再有人閒言閒語，她就出示那個泡著福馬林看不出來是什麼的東西，來證明自己絕對沒有假懷孕。

因為有那個慣性流產的時期，為了保住肚裡的我，我媽就按照外婆的交代，依照古法，整個懷孕期間，她在家裡每天吃艾草煮雞蛋，用艾草煮水泡澡。上下樓梯，人家用走的，她說她用屁股上下樓梯，真是把大家都笑壞了。其實她是先坐在階梯上，然後再一階一階地慢慢地挪動身子，小心到家了。

到懷孕中後期，我媽媽覺得還是不安穩，因此住在診所裡安胎，當時預產期還很遠，但我媽媽半夜跟阿姨說她肚子痛了，我阿姨就趕快去敲醫生的門，跟他說好像要生了，那時天還沒亮，醫生說不急，不可能現在生，我阿姨還是一直催促，他才勉為其難地出來，等他慢吞吞來到我媽媽的病房時，我沒等他來接生，自己就滑出來了。

醫生也嚇了一大跳，七個月的早產兒，體重那麼輕，最怕的就是失溫，那個年代沒有插電的保溫箱，只能用吊點滴用的玻璃瓶裝熱水，一個個用毛巾包起來，放在嬰兒床四周這樣圍一圈，充當保溫箱。出院時，醫生不敢收全額的接生費五百塊，說收一半吧。所以我媽很愛笑罵我，一出生就是個二百五，這是老外省人的話，就是說「三八阿花」、也就是「很ㄎㄧㄤ」的意思。

我媽常笑說她差點給我取名「艾蛋」，但想想有點難聽，才給我取名「艾珍」，來紀念這段艾草安胎的時光。當時在隆冬出生的早產兒很難養活，媽媽說我一直顫抖，接我回家後，家裡的大人輪流用布巾把我繫著，抱在胸前保溫，就這樣抱了兩個多月，後來我在早產兒基金會學到，原來這叫做「袋鼠保育法」，是對早產兒最好的處置，因為大人的心跳跟體溫，能安撫、保護早產兒。

媽媽懷我時，經歷的已經很辛苦了，沒想到等我自己懷孕的時候，也碰到一連串不可抗的困難，雖然是不同的風雨，但也讓我跟母親、我跟女兒之間結成的羈絆更緊密。

婚後，我就一直想生小孩，所以懷上歐陽靖時我們都是歡歡喜喜的，快三十歲才懷第一胎，當時算比較晚的。殊不知，懷孕才四、五個月，我跟歐陽就因為外在環境動盪，開始了一段提心吊膽的生活。

我跟歐陽所經歷的困頓一個接一個，可說歐陽靖在肚子裡開始，我們就是很少居安，常常思危，我後來想到這些，難免懊惱、心疼，歐陽靖從胎教開始就擔驚受怕，所以出生後她異常乖巧，畢竟懷孕時大人膽戰心驚的，孩子一定也受了影響。小孩太乖，其實不是好事，但當時我沒有育兒經驗，一直到歐陽靖高中時重度憂鬱、輟學後，回想種種往事，我才驚醒：她從那麼小就替爸媽擔憂，長大後又非常內斂壓抑，才累積出之後的問題。

歐陽傑是外省第二代，從小住在永和竹林路上跟街上的孩子調皮搗蛋，稍微長大，因為出來「混」，跟著幾個年輕人成立了幫派。也就是後來被稱為竹聯幫的黑道組織，歐陽傑擔任「掌法」，是管紀律的。

歐陽常自我調侃，他跟張安樂、陳啟禮都是竹聯大學的第一屆學長。後來他經過牢獄之災，為了要替自己找個光明的前途，參加了特種部隊的培訓，泳技很高明，還能徒手抓海魚，所以，當我們相遇時，他已經是個有歷練、有故事、有過一次婚姻、一個孩子的男人了，雖然當時他已經收斂起來，但畢竟有那些經歷，他經營的夜總會，總是會有各地方大佬出入，因為對各地角頭來說，他的場子很安全。

懷孕中我還是照常去華視參加小燕姐的「綜藝一百」的短劇演出，沒有我的戲時，小燕姐常叫我坐在現場，看大家耍寶，她說多笑對懷胎的媽媽最好。我在現場常被大家逗得笑容滿面，我記得那時很多男演員都愛做一些很醜怪的鬼臉給我看，馬世莉就拉我說，不要看他們！看我，我比較美，這樣寶寶才會漂亮。

但當時「江湖上」隱約有些不對勁，我每天晚上等歐陽回家，等到三點、四點，天都快亮了他還沒回來，夏天天亮很早，要是他真的一整晚上沒回來，我就走到當時我們住處的外面路口等，只見他的車搖搖晃晃地開回來，原來他應酬了一晚，早就喝醉了。

對「道上」所知不多的我，擔心地問過歐陽，報紙上不是有寫火拼呀、械鬥啊，那你豈不是很危險。歐陽卻笑說，哎呀，那個是地方上才會發生的事嘛。會去夜總會的都是大哥，大家是來談事情的。中山區牛埔幫的老大還因為聽說我懷著孩子，特地叫我去一趟，包了一個大紅包給我當見面禮。

當時演藝人員最大的收入來源是作秀，秀場也靠著大牌藝人招攬客人，所以很多很紅的人，當時根本沒時間休息，因為要趕場，飯也來不及吃，甚至有人包著尿布上台。在臺北表演完，下台就上車直奔桃園，北部往中部，中部往南部，有時真的是被挾持過去的，因為大家都在搶人。

歐陽傑就常在喬這些事，外省小孩很少像他這樣，台語說得很好，還會講廣東話，連香港黑道來臺灣買防彈衣，他都要幫忙經手，所以他也必須幫著擺平各種糾紛，即使我不放心他每天晚上去店裡，但我知道他不出面也不行。

一直到懷孕滿六個月後，我已請假，暫時退出錄影工作，歐陽的右腳膝蓋卻出了問題，膝蓋上有個傷口一直沒好，還冒出膿血，他又不能不去夜總會露臉，只好拿女生用的衛生棉包紮膝蓋再出門，免得膿血沾濕褲管。這個怪病越來越嚴重，我挺著肚子，不知該怎麼辦，最後他住進中山醫院，因為膝蓋關節正在壞死、發炎，他有段時間是發燒，處在昏迷的情況，許多「小弟」跟前跟後，在醫院站班。我挺著肚子也跟著裡外奔忙。

大概是他病倒一個多月的時候，連著好幾天早上，我都見到一個高大、平頭的陌生人站在他的病床邊，到了第三天，我終於忍不住問他：「你有什麼事嗎？」對方說，他是新店那邊的派出所來的便衣警察，來查戶口。我當時愣了下，因為我們又不是住在新店，而且跑到醫院來查戶口，這不荒謬嗎？

他又問，這個人躺在那裡多久了？我也不知道怎麼了，脫口就說：「很久了、一年多了。」那個人聽了，就此離開，沒再來過，事後，我們尋思，如果不是我那時脫口而出說他躺了一年多，後面的命運就會更慘了，原來當時警政署，已經為了一年之後的一清專案到處搜證。

也許冥冥中有什麼在眷顧我們一家三口，歐陽很不好的時候，人是處在昏迷狀態、沒意識，無法進食，根本只能吊點滴。沒想到有一天，我去看他，原本守著他的小弟說，他醒了，還吃了便當，還罵人，說便當難吃。

醫生也大吃一驚，發現他突然好了很多，當下決定替他開刀把壞死的膝關節取出來，這時我恰好臨盆生下女兒，我也是在中山醫院生寶寶。當時院長特別安排我們一家人同住一間，互相照顧。

女兒出生後，醫生發現她左腳脫臼，為了讓她脫臼的腳骨長好，醫生只能把她兩腿都打了石膏，因為是小嬰兒，如果只打一腳，另一隻腳可能會碰撞到硬硬的石膏受傷，所以兩腳都打上石膏。而歐陽則是右腳膝蓋動手術，還真是一家人啊。

我產後一周，就因為夜總會的事情，要代替歐陽出面去談判，產婦不能吹風，可是我礙於情面，只有全身包得緊緊的去了，為了我的安全，當時有好幾位小弟陪同，當時，大家看到我親自出面，整個氣氛都變緩和了。原來夜總會老闆將夜總會交給歐陽經營之後，生意非常好，聽說歐陽重病，他就要無條件收回，當時我才知道，江湖人做生意，竟然沒有合約，全靠一句話，既然當下的歐陽病倒了，沒有勢力，就只能默默離去。我體悟到，江湖人鬥不過商人，更搞不過政治人。

所以，我產後兩周，馬上斷奶，就是為了出院找錢，接他們父女出院。老實說，他們的醫藥費、住院費加起來，是個很可怕的巨額，我賣了家裡的兩輛名車才付清，先把歐陽接出院，院長體諒我的狀況，把女兒留在育嬰房，由護士們照顧。育嬰房裡面只有她待得最久，護士們都說歐陽靖是班長，因為其他的小寶寶頂多住一周就會被爸媽接回家了，歐陽靖卻住了一個多月，永遠都是育嬰室的老大。

我出院時，產後才二十天，月子沒做完，就馬上接了戲劇節目，等我籌足了女兒出院的費用，也找到了二十四小時的可靠保姆，才去接女兒回家，回家也只能讓家人看看孩子，因為我正在拍戲，所以孩子還是得交給保姆照顧，那真是一段辛苦的日子。

女兒是我們的寶貝，如果不是她，歐陽傑可能沒辦法化險為夷，因為她就是她爸爸從生命危險裡面活下來的最大的動力，如果不是念著她，歐陽傑可能撐不過來。

然而，我後來才知道，這段驚險的出生故事在她生命裡留下了一個暗影，又因為歐陽早逝而被誘發……這段經歷，對我來說也是一段死裡逃生的回憶，莫名影響著我。幸好我們母女在很多幫助下，一點一滴地面對跟解決。

1

2

3

4

5

6

7

1 爸爸、媽媽與剛出生的我｜ 2 媽媽與第二任丈夫（父親）｜ 3 我與父親、表姊在台中公園｜ 4 媽媽的成果，我們五兄妹｜ 5 拍完這張照片後，我們姊弟就因父母離異而分開了｜ 6 兩岸開放後，繼父回鄉找到了父親始終掛念的女兒，當時已改姓段｜ 7 幼稚園大班的我

KARAOKE

10

9

12

11

8 一家三口，我與丈夫歐陽傑、女兒歐陽靖｜ 9 我與丈夫歐陽傑｜ 10 第外公外婆幫阿靖慶生｜ 11 結婚舞會時｜ 12 教堂證婚

攝影雜誌
76期
65年 8月出版
每本18元

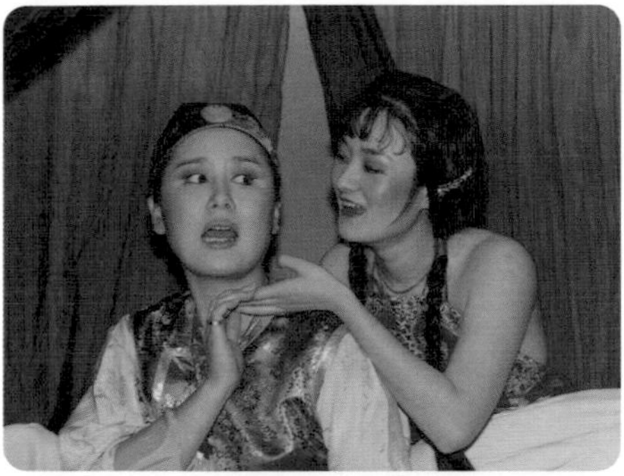

14

15

16

13 年輕時拍的泳裝照。阿靖說不如告別式就放這張吧！｜ 14 華視《江南遊》劇照．一九八〇年｜ 15 華視《婆婆媽媽》劇照 ．一九八四年｜ 16《某年某月某一天》（舊夢不須記）劇照，是張艾嘉第一部執導電影．一九八一年

17

19

18

20

21

22

17 我的少女時代，十七歲｜ 18 就讀高雄五中（今苓雅國中）的我｜ 19 鼓勵我進演藝圈的恩師邵玉珍，當年互贈照片背後還會簽名題字：「勿忘影中人」｜ 20 淡江中學時期｜ 21 與大弟二弟重逢，已是長大讀小學了｜ 22 我與小妹在音樂咖啡廳的櫃檯

23

25

24

26

23 媽媽很時髦又喜歡拍照，這張是她最喜歡的照片｜ 24 媽媽與第一任丈夫葉烈南將軍的合影，有趣的是這張照片居然在網路上可以找到｜ 25 葉將軍親筆題字刺繡的手帕，也是老媽心心念念的定情信物｜ 26 媽媽從年輕就愛拍沙龍照

28

27

30

29

31

32

33

27 媽媽的少女時代，拍照時不看鏡頭，叛逆的眼神後來歐陽靖有遺傳到｜ 28 媽媽拍照總是很頑皮｜ 29 媽媽與其姊妹｜ 30 媽媽攝於東寶音樂咖啡廳前｜ 31 媽媽牛肉麵店開張，女婿歐陽傑題字祝賀｜ 32 常帶媽媽參加節目開鏡，一圓她的明星夢｜ 33 媽媽去東莞定居前，在家中客廳留影｜

34

36

35

37

39

38

34 媽媽晚年隨大弟定居東莞，我則定期過去探親｜ 35 媽媽晚年很滿足，大弟接她到東莞定居，時不時帶她到世界各地旅行｜ 36 家族四代同堂｜ 37 媽媽告別式用的照片｜ 38 老媽說跟兒孫打麻將預防失智｜ 39 媽媽生前曾說，走後她的骨灰不要放進靈骨塔，以免太悶了，她嚮往海葬，可以到處環遊世界，當時全家帶著媽媽的骨灰出海，心情就像送她去旅行。

40

40 春河劇團舞台劇造型，我打算穿著這套服裝上天堂，劇團團長郎祖筠已經答應要贊助我

# 江湖故事

歐陽這個「特異功能」傳開了，很多朋友都想跟我們去海邊烤肉，好幾車的人一起來，大家只準備一些火種、木炭、烤網架就可以出發了，海鮮吃到飽。

歐陽傑後來跟我說，他病重到昏迷時，偶爾神志清醒一點，就很不甘心，覺得女兒還沒出生，他不能撒手離開，所以一直在祈求上天，讓他能有機會照顧妻小、看著女兒長大。我們都相信是這個掛念讓他奇蹟似地恢復過來。雖然他仍在女兒國小五年級時去世，可是一直到他在世的最後一刻，他都是以家人為重，這十來年，在我們三人感情緊密的小家庭裡面，他是個很棒的爸爸，也是很好的老公。

但我對他還是有一些小埋怨的，譬如他後來陸續經營過很多店，KTV也做過、俱樂部也做過，但是都不長久，常常是把生意頂下來做幾個月，收入也不錯的時候，就說他不做了，把生意又頂出去。又蟄伏在家大半年，光是在家陪女兒玩或是養動物什麼的，這種事反覆發生，我就覺得他怎麼常常半途而廢？沒有長性。

一直到他過世，我重回演藝圈工作，參加公益活動，有機會到獄中探訪服刑者，跟裡面的受刑人聊天，才知道，他們這種人被定位成「流氓」，生意好了，各種髒水都會往他們身上潑，一方面是，形象不佳，很容易變成治安單位的代罪羔羊，另一方面是，就算你想正經做生意，幫派的人也會來苦苦請託，難以拒絕，總之黑白兩邊都很難安撫。我恍然大悟，才知道歐陽總是不能長久經營生意是為什麼，他其實有很多苦衷外人無法明瞭，也是我無法幫他的。

女兒滿周歲之後，「江湖」上顯得有點奇怪，跟歐陽很要好的陳啟禮，變成情治單位的跟監對象，當時我想跟陳啟禮的太太（齊維莉）講兩句話，都沒辦法打電話，只能寫信，而且要靠歐陽送信，他們家住在辛亥隧道那邊，有個獨門獨戶的房子，但歐陽不能直接往那裡開過去，只能繞一大圈，確定沒人跟著時，才能開過去。

當時陳太太也無法出門，我們沒辦法打電話也沒辦法見面，所以我們除了通信外，她也常烤一些餅乾、蛋糕什麼的，讓歐陽把東西帶回來。多年後我在片場碰到剛出道的陳楚河，我都愛拉著他在身邊。雖然有很多話想跟他說，但又覺得都不重要，他過得好就好了。那時媒體把他爸爸的事當宣傳，他也大方地讓大家調侃，說他是大哥的兒子，但我聽了總是有點捨不得，都會在旁囉唆兩句，阻止他們開玩笑。幸好他自己很爭氣，也很認真。陳啟禮年輕時其實比兒子更有男人味、更帥氣，楚河長得比較俊美。

雖然歐陽傑是個非典型的流氓爸爸，但他愛家愛女兒是大家都知道的，陳啟禮也是個非常疼愛妻兒的人，跟太太感情很好，之後分開也是為了保護家人。據我觀察，會出來混黑社會的男生，多半都不是什麼天生的凶神惡煞，反而都有點憨直，對他們來說，一諾千金很重要、義氣很重要，什麼都是口頭一句話講好了，說到就要做到。

我還記得歐陽傑的爸媽說過，以前歐陽傑還在讀書的時候，開始在竹林路上混幫派，越混越當真了。我公婆他們才覺得不妙，想要把孩子關在家裡，不讓他去跟兄弟們見面。那時候他們在永和住的是日式的木造房子，歐陽傑竟然把家裡的屋頂撬開，爬了出去，歐陽傑說，他們約定時間到了要聚會，不見不散，哪怕是要把家裡房子拆了他也要出去！於是父母也關不住他，只能任由他去追逐他的江湖義氣。

我們在一起之後，我就一直勸他，希望他從今以後，不能光是口說無憑，你很有義氣我知道，但人家有沒有義氣你不知道啊。我還勸他出去談事情都要帶個小錄音機，把對話錄起來，才能有憑有據的。後來江南案也是，當時陳啟禮、吳敦跟小董（董桂森）被找去執行「任務」，歐陽在陳啟禮做特訓時，他也特別提醒陳啟禮，一定要私下錄音存證，還要把錄音帶交給信任的人保管，將來可以保命。

江南案爆發，緊接著就是一清專案，當時這兩件事的時間緊密連結令人匪夷所思。蔣孝武找幫派人物刺殺劉宜良（江南）的事就這樣風風雨雨的莫名了好多年，現在這已經不算是禁忌話題了，但在歐陽過世之前，社會還不像現在那麼透明化，仍然很少人敢公開談論此事，更不清楚前因後果，歐陽一直到過世前都在擔心小董的下落，當時只知道他逃到南美了，不知道究竟過得怎麼樣。

說起江南案，年輕的讀者可能不容易想像，當時的外省子弟，大家都是忠黨愛國，即使這四個字聽起來很老舊了，但那就是大時代的主旋律。幾十年過去後，早已成為歷史。江南案之後的一清專案甚至二清三清，對臺灣社會有很大的影響，幸好自從歐陽傑死裡逃生以後，他就打定主意不要招惹江湖事，我們也算是平安過了好幾年。

歐陽年輕時就被註記為甲級流氓，為了洗去他的黑道經歷，他曾經自願加入海軍的水中爆破隊，在部隊裡，當時由美軍第七艦隊黑人士官長來臺灣做特訓教練，每天在高壓的訓練中求生，努力存活下來，歐陽傑還學會在海中空手抓海魚。

剛認識時他就常帶我們幾個朋友一起去，我發現他也不必使用潛水用具，只要觀察海流、地形，然後直接入海，也不穿泳衣，反正他穿襯衫長褲就可以下水，赤手空拳下去，不久就抓好多魚出來丟在岸上，那些魚剛被抓起來，很新鮮的，大家就堆一個火堆烤來吃。

他這個「特異功能」傳開了，很多朋友都想跟我們去海邊烤肉，好幾車的人一起來，大家只準備一些火種、木炭、烤網架就可以出發了，海鮮吃到飽。但很奇怪，歐陽他反而不吃，他寧可吃些白土司，也不吃自己抓的魚。

我媽媽觀察入微，她說，看歐陽抓回來的魚就知道，魚雖然都還活著，但神經叢的位置都被破壞了，歐陽應該是看準這些位置下手，才能兩三下就把魚弄上岸。這可能是歐陽的訣竅第一次被看破，可是就算我媽看得出端倪，她也不知道歐陽是怎麼執行的。歐陽會先站在岸邊觀察風向，海面的浪與湧，及靠近岸邊浮游生物的蹤跡，然後咬著檳榔他就出動了，他的下海裝備永遠是運動衣褲、斜背包、球鞋、布手套、蛙鏡、刺刀而已，不一會兒就把背包裝滿海鮮上岸了，我到現在也不知道他是怎麼辦到的，曾經有新聞節目透過我想訪問他，他也不受訪。

說到歐陽傑，還有一件陳年往事很奇妙，他服役時，曾在船上跟長官起衝突，被關禁閉，等於是在船上坐牢。當時他只有一本書可以看，就是一本《易經》，他在裡面看得滾瓜爛熟，後來他放棄臺北的生意，為了替動物治病而去學針灸，才發現人體經脈跟《易經》相通，因此一下子就學得很好。我們住到山上的村子裡，他每週都會找一天，在村子裡替大家針灸，因為村裡的青壯年人口少，都是老人比較多，他幫大家針灸也不規定要收多少錢，都是鄰居們的心意而已，碰上沒有錢的人、或是身體比較差的人，他還會登門拜訪，免費替身體不舒服的人針灸。

後來我因為養了好多動物，對他們有了感情，所以開始吃素，他去抓魚回來，又不吃，只有女兒喜歡海鮮，但我們都收容那麼多動物了，怎麼還能抓野生的魚蝦回來吃呢，女兒被我這麼一說，只能放棄，眼睜睜看著她喜歡的海鮮丟回海中或是被埋在土裡。

我勸歐陽不要抓魚，他卻無奈說，他不抓不行，因為他的手若長期不抓魚，指節部分會生出老繭，非常不舒服，我又說，那可以放走啊，就算當作餵其他的魚嘛！他反而不懂我為什麼要浪費。

總之，說了也沒用，只好默許他去抓魚。那時我們養了大批的流浪動物，臺北住不下，全都搬到山上住，他就一個人騎著小摩托車去漁村，天亮才回來，有時我早上睡醒，準備餵狗，才發現廚房有一大堆生魚，真頭痛。

那段時間，我們的生活其實很拮据，歐陽有一段時間沒有收入，我也帶著女兒沒出去拍戲，臺北媽媽住的房子被我拿去貸款，結果貸款繳不出來，房子弄到要被查封了，貼封條的人很客氣，在客廳內的門上貼了一張而已。當時我覺得好對不起媽媽，心裡好難受，每天哭到眼睛紅腫，可是也無能為力，因為我們沒有辦法解決。

我媽媽當時也不太諒解我，尤其是她不懂為什麼我們會因為養太多動物弄到負債，她也不懂，我們夫妻倆明明就能在臺北賺錢養家，為什麼要把生活過到荒郊野外去？

現在，我可以清楚的分析出這其中種種一言難盡的內情，但當時我只覺得自己毫無選擇，只是不斷被生活逼著做決定，也沒有時間好好的梳理自己的情緒，更沒辦法抽離出來分析自己，只能隨著生活打轉。

我因緣際會地接觸到量子轉念的課程，在陳嘉堡老師的講解下，我學了一套很科學的方法，重新去釐清過往的人生，才明白，原來從小到大，很多創傷印記還在內心，我還沒真正從過去釋放出來，回想那段經濟上很困頓、家裡像動物園的日子，我慢慢找到當時的傷痛源頭，也終於能去面對了。

# 傷痛

再次勇敢面對失去孩子的傷痛時，其實我又感到錐心疼痛，眼淚不停滑落，但我也頓時明白，孩子根本沒有怪我，我愛他、他也是愛我的。

女兒滿周歲不久時，我又懷孕了，但我不敢要這個孩子，女兒出生前那一段時間實在太嚇人，而且歐陽傑的腳在手術後仍然行走不便，身體一直不算好，江湖上又風聲鶴唳，我們都還在適應新的環境，我決定拿掉孩子，等我們狀態更好的時候再要第二個孩子吧。我是這樣說服自己的。

等女兒長大些，我再次懷孕，這次我比較篤定了，決定把孩子生下來，沒想到這次懷孕並不順利，子宮頸閉鎖不全，過早擴張，雖然去醫院緊急把子宮頸環紮起來，但後來仍然造成子宮感染，醫生說胎兒留不住，大人也有危險，歐陽傑立刻簽手術同意書，讓我麻醉進手術室。

當時孩子很小，離開母體是絕對活不了的，可是我已經感覺到胎動，要引產時，我已經被移到病床上往手術室裡推了，但我明知道他不願意走，他在我肚子裡一直往上躲，孩子還活著，要求媽媽保護他，我卻無能為力，心痛無比。

從麻醉狀態醒過來以後，我好像心被挖空一樣，丈夫說他已經把孩子送去有人祭拜、照顧的地方了，還說，孩子是男孩，臉龐跟女兒剛出生時一模一樣，只是太小了，器官都還沒有長好，頭部後面還沒長滿，他叫我不要難過，人各有命。

有很長一段時間，我都沒辦法看著路上的媽媽跟嬰孩，即使出現在電視螢幕也不能看，我怕我會情緒崩潰，所以會下意識地避開，就連在報紙上讀到跟生產有關的文字也沒辦法承受。在照顧小動物的時候，大家都說我付出了很多，家人也感到不可思議，從小怕髒愛漂亮的我，怎麼變了？我當時親手照顧數量繁多、而且種類不一的動物，不怕髒不怕苦，不斷地付出。

然而我一天到晚、幾乎是喘不過氣的在照顧動物的時候，也許是在贖罪、或是在自虐吧？我照顧動物時，除了付出大量的時間跟金錢之外，其實也等於把自己整個人都交出去，完全不考慮自己的需要，只為這些動物而活，這不是一種正常的狀態。

在我內心深處，其實我很想親手照顧自己的孩子，看他長大，但我沒好好把孩子生下來，所以我自責，我怪自己是個不負責任的媽媽，沒把自己的孩子照顧好，在那種悔恨的心情中，我不想再失去任何一個生命了，所以我每天拼命忘我地想把小動物照顧好。

我一直沒跟別人談這些事，直到我快六十歲，學了量子轉念以後，我才知道，那個傷痛那麼深，影響我那麼多，我不知道女兒有沒有意識到或是感覺到我的悲傷，因為連我自己都以為自己沒事了，以為我已經走出來了。

當時女兒年紀小，又特別的乖，我記得我拍《好小子》的時候，片場亂哄哄的，她跟我去拍片，我也沒能照顧她，只是跟她說，妳在攝影機這邊等媽媽，這樣我可以看到她，她也看得到我。女兒就乖乖站在那，一步也不敢離開，乖得叫人心疼。

同時間，家裡的動物則是有增無減，歐陽即使開車出去一趟，都能撿新的動物回來，連迷路的鴨子、鳳頭蒼鷹都有，可是很奇怪，有幾次歐陽發現山溝裡有貓，但他叫半天，貓都不出來，反而我輕輕一呼喚，貓就自己出來了，大概因為歐陽他殺氣騰騰的，他叫半天沒用，我一出聲，小動物就主動冒出來，我能怎麼辦呢？自然更得親手照顧他們了。

這些小生命來我們家時狀況都不好，甚至危在旦夕，有時要留燈保暖，有時要整夜看著，甚至不能闔上眼睛，否則一條命就沒了，就這樣傾家蕩產地收養動物，居住環境很糟，女兒三年級時，我們搬到山上、住在鐵皮屋裡面養狗。

當時有點山窮水盡的感覺，那麼多動物要養，近百條小生命嗷嗷待哺，我必須不斷的勞動，房東沒事就耍賴，動不動就威脅我們要斷水斷電，吵鬧了很多次。

但，如果沒有威脅到狗兒們的生存，其實我不會跟他吵，反正沒有水電，我照樣會去餵狗，那時真的是把身心的需求都降到最低，什麼都不想，我就反覆地去做這些很基本、維持生命的事情而已，沒有精力跟餘裕去節外生枝。女兒當時在深坑念小學，每天生活是歐陽傑在打理，除此之外，他假日或晚上就去幫人針灸，我每天負責來回茶園看狗。

女兒讀小學五年級的時候，認識歐陽傑的人又把主意打到他身上，要他跟地方上的人講好，讓不法工廠到山上傾倒廢土。如果我們生活無虞，歐陽一定可以爽快拒絕這件事，但我們那時經濟上大有困難，貓狗的飼料錢都不夠，根本是過一天算一天，還負債累累。歐陽傑跟我說，就這一次就好了，只要賺到能還債的錢，減輕我們的負擔，以後就不做了，我們再另想辦法。

說也奇怪，就在歐陽傑差點就要重新涉足江湖的時候，毫無預警的某一天，無病無痛的他突然離開人世。我記得女兒也放學了，我正要出門餵狗，歐陽傑說他要稍微睡一下，我說好，就出門了。我回家時他已經過世了，是在睡夢中走的。

歐陽傑過世之後，留下了一大筆債務跟無處可去的流浪貓狗，幸好當時臺北市市長陳水扁看到新聞報導，主動關心我，得知我有困難時，他讓羅文嘉來找我，除了幫忙送養動物、安置動物，也積極推動動物保護立法。還有各界的捐款紛紛寄過來，我們住在偏遠的深坑，養狗的鐵皮屋在石碇，我早晚都要去看狗，所以地方上的郵局派人來找我好幾次，才找到我本人，跟我說，有人寄現金袋給我，雖然沒有我的地址，可是指名要寄給我，讓我去郵局領。

得到這麼多的幫忙，把歐陽傑的後事處理完畢，將大多數的貓狗送養以後，我身心俱疲，帶著女兒回到臺北跟媽媽同住。

媽媽幫我照顧女兒，我自己又出去接工作、上節目，一切從零開始。我們家的問題順利得到解決之外，動物保護立法也順利地推動起來，臺北市政府聘請我當顧問，跟各地的保護團體開會商討，這不是那麼容易的事，但在幾年後竟然實現了，一九九八年，臺灣首度有了動物保護法，雖然還不盡完美，但對臺灣來說是個好的開始。

我女兒從小就很自律，幾乎不哭，還有個怪癖，就是每當爸爸要出門，她就很不放心，似乎很擔心爸爸不回家，而且她從七歲開始，睡前就要念注音符號版本的《大悲咒》，念完才睡覺，她的情緒表達就是這樣。歐陽傑還笑她，買木魚給她敲。後來她跟著我們到山邊讀小學，又因為歐陽早逝轉學回臺北，她一直都是安靜的，我也忙著應付生活而忽略了她。

直到高二那年，女兒憂鬱症發作，嚴重到念不完高中，輟學在家，二十幾年前，大家對這個病很陌生、排斥。而且每次吃憂鬱症的藥，都會讓她昏昏沈沈，不吃，又好像藥物戒斷一樣，非常痛苦。也因為身心健康失衡，她情緒失控，暴食跟厭食反覆發生，突然開始對我說出從小到大，她一直承受的痛苦跟委屈。向來壓抑乖巧的女兒終於把心裡的痛苦爆發出來，我心疼極了，一直向她道歉、跟她說對不起，我完全接受她的憤怒，每天聽她哭著重複訴說自己的感受，我抽離身為母親的心情，就像另外一位阿姨，如此才能避免情緒糾纏，平穩地傾聽。

就這樣，我們母女倆人過了很長一段跟憂鬱症相處的日子。

當時賴佩霞她得知我們的情況，很睿智地對我說：「其實應該得憂鬱症的是妳。」我聽了心裡突然醒悟過來，我開始思考，莫非孩子是在替我受苦？她是不是把家庭的傷痛放到自己的身上去承擔呢？這麼一想，對女兒就更為不捨。

這樣的日子過了好幾年，她十九歲那年說要改名，名字已經想好了，要叫歐陽靖，當初歐陽傑給她取名叫歐陽嘉鴻，她覺得不像自己。我跟我媽都沒反對，畢竟名字是跟著自己一輩子的，就尊重她的選擇，我照媽媽的吩咐，陪著女兒去區公所，正式改名為歐陽靖。

我現在也覺得她更像這個名字，很平安的感覺。大約又過了兩年，歐陽靖有一天說，餓了，要吃飯，我看她好好的吃飯，心裡有無限的歡喜，當時我們母女都知道，她真的好起來了。她不是一下子就好起來，而是經歷很多黑暗無助的時刻、好友過世的打擊等等，她是從傷痛印記中慢慢走出來的。

歐陽靖堅強地度過憂鬱症、戒除身心症藥物，歷經各種階段的苦，最後她成為作家，出版自己的故事，還成為模特兒、馬拉松跑者，我目睹她的一切轉變，心裡只有不斷的感謝。她曾說，她能走出憂鬱症，是因為記得童年時爸媽與她三人緊密的感情關係，在好友突然離世後，她目睹對方的家人有多難受，不由得想到，如果她走了，我會有多痛苦？就這樣一轉念，她才有了動力，一步一步走出黑暗。

我身歷其境過，知道照護憂鬱症家人是很辛苦的路，當時我能做的，真的只是心平氣和地傾聽，不斷地對她說「對不起」，並且不斷告訴她「媽媽愛妳」，重要的是，在適當的時間，不帶情緒的解說，我當年的狀況與感受，讓她理解媽媽為何無法給她安定的童年。

回顧往事，我走過不安的童年、少年時期，幸好媽媽跟我最後找回彼此，丈夫跟女兒成為我的家人，也讓我心有所繫，免於掉入黑暗，也許這就是賴佩霞說的，得憂鬱症的應該是我，但我沒得憂鬱症，是女兒替我擋住了。賴佩霞特別交代，要讓女兒理解這個狀況，避免女兒又被觸動或誘發，又會掉入同樣的憂鬱情緒中。

學習量子轉念以後，我明白自己沒處理好身上的傷痛，女兒來到身邊陪伴我，讓我們有機會相處、吵架、和好、相愛。然而我卻沒能向另一個孩子道別，所以一直有很深的罪惡感，於是我在老師的陪伴下，讓自己回到當年在手術室被引產的那一刻，向無緣的孩子說，對不起、謝謝你來過，媽媽很愛你。祝福你有更好的去處。這就是道歉、道謝、道愛、道別。

再次勇敢面對時，其實我又感到錐心疼痛，眼淚不停滑落，但我也頓時明白，孩子根本沒有怪我，我愛他、他也是愛我的。面對傷痛很難，但請不要忽視傷痛，不要被痛苦的過去綁住了，治癒自己的傷痛，什麼時候開始都不算晚。

# 慈悲與智慧

眼看一個小生命竟倏忽消失，愛哭的我趴在信義新生（當時是一條大圳）的橋上痛哭不已，發誓再也不養狗了，人真的不該亂發誓，當時的我怎麼也料不到，未來我會養好多好多動物。

幼稚園大班之前，我家有個大院子，湖南鄉親常常會抓狗來家裡，暫時養在院子裡，但我總是躲得遠遠地，因為我早就知道，那些狗不是為了要當作寵物疼愛，是為了宰來吃的，大人殺狗時，年幼的我總是瞪大眼睛，被那可怕血腥的場面震懾，卻又挪不開腳步，他們會先用繩圈把狗勒斃，接著戳穿身體放血、用滾開的開水澆燙狗身，然後宰割剝皮剁塊，製成湖南臘狗肉，最後成為盤中的食物。

媽媽不吃狗肉，而我看著爸爸跟叔叔們吃狗肉，我只覺得似懂非懂，反正小孩沒辦法決定要吃什麼，也只能跟著吃，而且，反正到頭來都是要變成食物，我就更不愛靠近小動物了。幼稚園時，爸媽曾帶我去圓山動物園，我被頑皮的猴子扯破身上的裙擺，嚇得大哭，這下我對動物轉為排斥，曾經因為表哥們調皮，讓我沾到一點狗口水我就歇斯底里亂哭，害他們被打。

上了高中，我在同學的慫恿下用零用錢買了一條小狗，這也是我第一次為小動物把屎把尿，他卻沒幾天就得狗瘟死掉了，眼看一個小生命竟倏忽消失，愛哭的我趴在信義新生（當時是一條大圳）的橋上痛哭不已，發誓再也不養狗了，人真的不該亂發誓，當時的我怎麼也料不到，未來我會養好多好多動物。

跟歐陽在一起後，歐陽愛狗，以前他常常在外面餵流浪狗。後來有隻白狗坐在我們家門口，歐陽每天都去餵牠，就這樣餵了十多天牠都不走，歐陽終於把牠帶回家，牠一進家門就來賴在我大腿，叫我沒辦法拒絕，我們養了這隻狗以後，很自然地又養了第二隻、第三隻。但他那時還在經營夜總會，工作時間長，所以還是守在家裡的我擔任主要照顧者，我跟家裡的毛孩子們朝夕相處，被牠們貼心、聰敏的行動感動，我不再排斥，甚至因緣際會地，還養了天竺鼠、蛇、鳥、貓頭鷹。我加入當時臺北市唯有的一個動物保護協會，也常在螢光幕上跟動物一起露臉，當時我主要呼籲的是不要飼養野生動物，儼然成了動物保護的代言人，也不怕跟鬥狗場、買賣放生動物的業者公開爭辯。

可嘆當時動物保育的知識不夠普及，也一直沒有立法，但仍有很多人在關心動物的福利，我撿到野生動物後，也常常受到獸醫、臺北市立動物園的幫助，他們會指導我如何照顧，因為那個年代還沒有野生動物中途之家。

歐陽傑不再經營與黑道相關的生意以後，把他的熱情與海派都移情到動物身上，他的江湖義氣，其實就是要挺身而出，想照顧弱小，長期被人類剝奪生存空間的動物，成了他保護的對象，於是又有更多動物，陸續交付到我們夫妻手上，後來家裡的動物太多，我們為了動物搬到石碇，空間變大了，更是越養越多，鵝呀、豬呀，你能想到的動物都養過。歐陽傑為了替小動物治病，去學了針灸，雖然出發點是為了動物，但他考到執照後，請他幫忙的村民也絡繹不絕地到家裡拜訪、求助。

比起現在，一九八〇年代，深坑擁有豐富的自然環境，我們周邊落難的野生動物也成了我們收留的對象，奄奄一息的蛇、掉出巢的小松鼠，全都養過，對於冷冰冰的冷血動物，我克服了懼怕，甚至常把被鄰居排斥的蛇帶回來，至少調養到過冬再放牠離開。

我們當時石碇的房東是個無賴，當初歐陽傑又是江湖本色，一句話跟他談定，沒打合約，結果房東租給我們的鐵皮屋根本沒蓋好，我們只好一家人自己動手拌水泥、搬屋瓦，克難入住。結果又因為房東常喝醉鬧事，吵著要剪斷水電，考慮到村民要來針灸，小孩要上學，只好另外在深坑租房子，讓女兒跟歐陽傑與一部份小動物同住，我則是來回兩個地方，獃在鐵皮屋陪狗狗們過夜，我們收養的狗，曾經高達六十幾隻，非常需要這個遮風避雨的地方，所以我不工作的日子，都要來回住家跟鐵皮屋。有時不忍路上的貓狗挨餓，隨著環境不同，也常視情況去定點餵食野外的流浪貓狗。

可以想像，我每天早上睜開眼睛，就得把動物看過一輪，清掃排泄物，該餵的餵，還有要療傷的、得換藥的、要投藥的，然後要出門餵養另一邊的小動物，還有附近的狗。動物那麼多，都背負在我們身上，女兒小時候的玩伴是一隻猴子，我煮菜做飯沒空陪女兒玩的時候，是猴子陪她玩辦家家酒。

動物太多了，平時要餵養，病了要送醫餵藥，還常有新一代的幼崽出生，中間自然發生過好多生離死別。小動物的生命週期短，短短的三五年對它們來說也許就已經是一生一世，人類跟動物相遇，就得面臨他們的生老病死、相遇別離，我越來越不願意再殺生了，自己選擇了吃素，原本對佛法沒有接觸的我，因為看到佛教的眾生平等論，也變得對佛教有好感，每次去素食餐廳吃飯，看到店家展示的佛法書籍，也都會翻翻看看，關於證嚴法師的書籍是我看最多的，我的轉變也慢慢影響到歐陽傑，粗獷、愛開玩笑的他，比我有靈性，難怪他的人生功課比我早做完。

當時我們已經吃足了苦頭，無限量地收養動物，最後弄得債台高築，甚至讓歐陽考慮再去賺黑錢，雖然那是能最快解決經濟問題的捷徑，但我非常不願意，因為我們辛辛苦苦，不就是要遠離黑道，清清白白的生活嗎？命運怎麼會轉了個彎，又讓這個選項浮出檯面了呢？

但沒錢就是沒錢呀！飼料要錢，房租也要錢，金錢的問題就是這麼迫切，有時面對近百條小生命，我甚至起了可怕的念頭，要是沒有這些狗就好了，心裡很黑暗的時候，我會強烈希望牠們不存在，清醒時，我則是難過自問，我們只能跟這些可愛的小動物同歸於盡了嗎？

幸好，我的一點清明沒被困境抹煞，在最沮喪、最洩氣時，我做了一個很有正能量的夢，夢見證嚴法師，喚醒我對狗狗們的慈悲心，既然讓我跟這些生命相遇，相遇後就應該把握善緣。就是那麼巧，剛做完這個夢，第二天遇到靈山禪林的一位師父，師父及時提點了我，小動物是我們身邊的菩薩，我們有機會能供養牠們、跟牠們結緣，是一種幸福。

我打從心底接受了這個說法，正在為小動物心力交瘁的我，因為這句話受到很大的安慰，很苦很累的時候，我轉念去珍惜，不是每個人都有機會為自己所愛的人事物付出，這些小菩薩們主動來給我機會，我就懷著感謝的心，繼續做下去吧。

歐陽跟我雖然是環境困頓，但感情很好，兩人常常在一起談天說地，他不管有什麼所見、所聞、所思，也會全部告訴我，那陣子，我們的許多條老狗接連地自然老死，短短一個月內，竟陸續有十隻狗離世。我正為了牠們的離開而懊惱不捨，當時一點也沒想到，是牠們預感主人即將遠行，所以先走一步。

歐陽看我還在為生命傷逝煩惱，感慨地對我說：「我們雖然有慈悲，但沒有智慧。」這句話意味深長，令我吃了一驚，歐陽還說，我們之前不敢送養，怕別人會照顧不好小動物，那也是我們的問題，如果我們能好好衡量，把小動物交給適合的人，也是一樁美事，我們卻不夠有智慧，沒把送養工作做好，真是可惜。

我當時沒有時間細細咀嚼這些話，但是聽了，就記在心裡。

女兒從小眼看著動物們的生離死別、來來去去，養成了她自己的生死觀，譬如我們養的第一隻貓咪咪因不斷抓飛蟲來吃，中毒離開，女兒沒有像歐陽那樣大哭，也沒有像我一樣悲傷念經，她反而告訴我，她在咪咪在世時對咪咪很好，咪咪走後，她認為沒有遺憾，倒不如關心現在仍在身邊的動物們，這話真是醍醐灌頂，大大地改變了我，也讓我更珍惜跟丈夫、女兒在一起的時光。

對於緊迫的經濟問題，我跟歐陽傑有時樂觀、有時悲觀，但是兩人互相鼓勵、說說笑笑地，竟又勉強支持了一陣子。有一天，歐陽突然問我來世要不要再做夫妻？我回答，不要啦！我們不要再投胎了啦！歐陽沒想到我的「境界」竟然這麼高，只好笑說那我們要一起努力，希望未來別再投胎做人。那我們兩人死後，可以繼續在西方極樂世界修行、相守。

言猶在耳，三天之後，歐陽就突然過世了。

動物保護法法案通過後，我把法案相關公文放在歐陽傑的靈前，向他報告，從慈悲走向智慧的路，我們又踏出了一步，相信他也跟我一樣開心歡喜。

# 黃金單身女郎

曾來家裡吃飯的朋友，只要是單身的，老媽都覺得有機會，還曾經提議叫我嫁給楊懷民或陳松勇。

婚姻只是一種選擇而已，而且隨著時代改變，選擇越來越寬廣，譬如我媽嫁了三次，我嫁過一次，我妹沒嫁人，這都是個人的選擇，也都是不同的人生體驗。

丈夫去世後，我帶著女兒回我媽家住。

老同學王小棣導演曾要帶我去大陸拍戲。如果能拍戲早一點賺到錢，也可以早點還債、貼補家用，可是我離不開女兒呀。所以我婉拒了，就一直待在臺北，除了開始回綜藝節目演出，我還每週都到廟口去做現場的錄影節目，那時每次收工就馬上能拿到演出費，雖然費用不高，但是我很積極去工作，週末就去錄影，錄影地點遍佈全台。

我當時身邊還養著一些沒送出去的老狗老貓，其中有一隻大藏獒，體型非常大，很需要活動，承蒙住家附近玄覺寺的好意，養在寺廟後面的空地，我深夜回家，還要帶牠在週邊散步，轉一轉，讓牠透透氣，我也散散步，抒發一下自己的心情。

曾經有一次，那天也是很晚的時候才結束工作，我回家要爬樓梯上樓，不知是累，還是委屈，我再也走不動了，乾脆坐在台階上大哭了一場，哭完以後，擦乾眼淚才回家，當時我大概四十幾歲，小孩在上國中，媽媽年紀也大了，一般人處在壯年，就是人生負擔特別重的時候，我喪偶後，一肩扛起家計，更不能倒下來，表面上雖然舉重若輕，不想讓老小擔憂，但心理壓力是很大的。

我媽看我這樣，有時就說：「妳結婚吧！趕快找個好男人再結一次婚。」

她還想幫我找人選，亂點鴛鴦譜，曾來家裡吃飯的朋友，只要是單身的，她都覺得有機會，還曾經提議叫我嫁給楊懷民或陳松勇，看她整天異想天開，叫我哭笑不得。我不想再結婚了，也知道我媽媽畢竟是擔心我，所以我就說，媽，繼父不在了，妳也單身，我們按照年齡順序，不然妳先嫁吧，妳先嫁了才能輪到我。阿靖也敲邊鼓說，外婆先嫁，再來我媽，然後是小阿姨，最後是我。我媽聽了就閉上嘴，不講了。

婚姻只是一種選擇而已，而且隨著時代改變，選擇越來越寬廣，譬如我媽嫁了三次，我嫁過一次，我妹沒嫁人，這都是個人的選擇。

當時我妹跟我們住在一起，連歐陽靖剛好四個女的，我們常說我們四個是黃金單身女郎，現在流行說什麼剩女，那是貶低女人的身價，我們女人嫁不嫁都可以過得快樂。

我這些話，我媽大概也是聽進去了，以後就不提這些事，但我媽媽對我的生活仍有一些很好笑的批評指教，我也喜歡一起開玩笑，算是綵衣娛親，我在螢幕上扮演婆婆媽媽，好友朗祖筠每次都說，哎呀！譚奶奶來了！因為我每次扮老太太就像我媽，惟妙惟肖。

我三十多歲決定吃素時，媽媽跟丈夫都反對，說我太瘦弱了，不能吃素，我為了讓他們支持我，我就刻意大吃特吃，餐盤跟彩虹一樣，水果有很多維他命C，跟富含鐵質的綠色蔬菜一起攝取，不到一年就改善了貧血，甚至還發胖了！

幸好那時我在拍「我們一家都是人」，同台的演員當了媚登峰的代言人，給我們整個劇組都打折，我去諮詢以後，發現我是吃太多澱粉，果然我注意飲食均衡後，體重就恢復常態。

於是家人也不反對我吃素，連歐陽傑跟著我也慢慢以素食為主，但後來跟媽媽住，我替我媽買菜、做飯，也是做葷的，買菜必須買新鮮的東西，活的海鮮、需要切的肉，只能請媽媽幫忙處理。有一次去菜市場，媽媽交代要我買活蝦，我騎腳踏車回來，裝蝦子的塑膠袋就掛在車上，沿路看著蝦子一直跳一直掙扎，我就哭了，回到家，我邊哭邊叫我媽把蝦子拿去冷凍，我媽問我在哭什麼？幹嘛哭成這樣？我說反正都要煮來吃，我想快點讓他們死掉好了。

我媽看我這樣，真是哭笑不得，就發佈「特赦」，叫我以後做素菜就好了，不要那麼痛苦，做菜做得天人交戰。後來我接觸慈濟，做素食的推廣節目「現代心素派」，學了很多做素菜的訣竅，甚至NHK來台採訪時，也請我介紹臺灣的素食文化，譬如臺灣有做素雞素肉的傳統，領先全球！原來臺灣早就有現在流行的未來肉了。

我們臺灣人很幸福，各種門派的素食都有，我自己是吃健康素食，不是傳統那種不吃蔥蒜五辛的宗教素，也有環保素食，就是連蜂蜜、牛奶這種動物產品都不吃，至於梅門氣功大師李鳳山推廣的素食，梅門除了練習「平甩功」外，梅門提倡的素食還可以喝養生酒來行氣活血呢。每次演講光是素食種類，我可以說半小時。

我雖然投入推廣素食，但我也知道人的飲食習慣是很難改變，譬如我媽跟歐陽靖，他們就從來沒被我打動，兩人在家雖然是配合我，但出去她們就吃她們喜歡的。尤其歐陽靖是個美食主義者，時常就想去旅行、去吃好吃的。

跟她們比起來，我是一個宅女，喜歡獃在家裡。只有逢年過節或假期，才帶阿靖去東莞看外婆，每次都拍很多照片。二〇一四年，媽媽去世以後，這樣的機會也不再有了，回想起來，當時如果能跟愛玩的媽媽一起去旅行，應該很有趣，可惜我除了探親外，不愛遠行。

我記得以前常常拒絕她們的邀約，她們勸我一起出國旅行時，我回答說，我不想出去玩，如果要出國，我只參加賑災。媽媽卻說我這樣講不對，不可以有這種念頭，天底下哪有什麼災，賑什麼災？我頓時對老媽的正向跟樂觀佩服得五體投地，以後就改口不這麼說了。

以前大陸剛開放探親的時候，是我繼父先回湖南，他本來就是湖南人，除了回故鄉之外，也順便幫我跟弟弟們打聽家人的下落，當年我爸把原配太太和兩個女兒留在湖南，就沒了音訊，也打聽不到下落，可是很巧的，我繼父在人群中一眼看見我的小姐姐，原因是，她長得太像我了。

沒想到小姐姐根本不敢承認自己是譚家人，她說她姓段，費了不少力氣，我繼父說明他跟譚家的淵源，小姐姐才信任他，說出她的身世，原來我爸的原配帶著大姐要逃回山西娘家，把八個月大的小姐姐託給姓段的長工撫養，後來原配太太跟大姐姐都下落不明，後來知道是在路上餓死了。小姐姐改姓段，因為我爸是國民黨員，她一直不敢承認自己本姓譚。

我大弟後來在東莞開工廠做生意，用的全部是湖南的自家人，當時還有很多台胞被當作「呆胞」，台商人人自危，但我弟弟就是因為有老家那邊的親人，生意做得很安心。工廠每年過年都要開六台遊覽車回湖南，過完年以後，再開六台遊覽車回東莞，聲勢浩大。我們探親也很方便，大家見面就發現，血緣就是這麼奇妙，我們都長得很像，一見面就很親切，難怪我繼父會在茫茫人海中認出我的小姐姐。

我媽晚年中風過一次，當時痲痹的地方在食道與氣管之間，叫做「會厭」的地方，導致她有一陣子沒辦法自主吞嚥，我們都很擔心，我媽卻奇蹟似地轉好了，吃飯吞嚥都恢復正常，叫大家又驚又喜，她得意地說，因為持續練習吞嚥口水，當做復健，所以又好了，我們也很佩服她的生命力。

後來有一次她感冒轉為肺炎住院治療，大家都很傷心，個個都去看她，她大概也滿灰心的，開始把首飾、戒指脫下來分給大家，還說她到了陰間一定會替大家說好話，會幫助大家的。晚輩們聽了無不哭成一片。

當時我妹妹打電話跟我說，歐陽靖就很納悶，悄悄問我說，外婆不是信基督的嗎？怎麼會到陰間去啊？我也不知道為什麼，我媽天性怕熱，莫非是因為陰間比較涼，她才決定去陰間呢？

我妹妹就問我媽，是不是妳怕熱，去陰間那邊不必開冷氣？她聽得哈哈大笑，沒兩天肺炎就好了。她病好出院，我們都鬆了一口氣，但她就後悔啦，開始又跟大家討回那些首飾，一件也沒少，真是笑掉大牙。

我媽一直都很隨心所欲，在臺灣愛喝康貝特，一天喝一瓶，而且很愛喝可口可樂，在中國就喝力保健，從沒忌口。而且我媽人老心不老，愛漂亮，九十幾歲了，還夢想著要去做電波拉皮跟醫美，想變年輕，我們都在想，都那麼老了，美什麼容，就沒有理她。現在才覺得，媽媽當時想做就應該讓她去做的，讓她開心比較重要。

我媽愛跳舞，她在我們小時候，就教我們跳森巴、恰恰……所以我們兄妹都會跳國標舞。我結婚時，媽媽也是舞跳得最起勁的，直到媽媽晚年，我去東莞看她，她都要開舞會，放張唱片，看我們幾個翩翩起舞，她自己拉一把椅子在旁，跟著音樂打拍子，滿足地看著我們跳，也過了她的「舞癮」。

雖然我媽這麼熱愛生命，但也看得開，從不避諱談死亡。早先她跟歐陽傑就聊過最希望的葬禮，兩人都說喜歡海葬，後來歐陽傑先過世，我們也這樣幫他辦了，租船到基隆和平島外，有個他常常潛水的地方，把他跟我們兩隻愛犬的骨灰一起葬在那邊。

以前我媽曾交代，要做大體捐贈，但她在廣東過世，那邊的醫院說他們並不需要大體，所以我們就在東莞辦一個很美的告別式，火化後，把骨灰帶回臺灣，如她所願做了一個海闊天空、環遊世界的海葬。

我媽過世後，有很多衣服、首飾留給我們，我跟妹妹說我只要斷掉的那只玉鐲。

因為以前我媽跟繼父開音樂咖啡廳的時候，經營特種營業的店，都是照規矩來，當時不但明面上有辦證照，而且私底下還有付保護費（保護費表面是交給同業工會收取，但其實是幫忙打點黑白兩道）。沒想到，有個喝醉的小混混跑來找碴。那時我媽跟我繼父年紀也大了，平時打交道的也都是很守規矩的人，突然碰上來砸店鬧事的，根本無法招架，店裡被砸，兩人也都受了輕傷，我媽的玉鐲打斷了，因為是現行犯，後來也有報警、上法院。

沒想到，我媽卻選擇跟他和解，和解賠償的錢也不多，不要說店裡的損失跟醫藥費，光是玉鐲他就賠不起。我很氣，覺得應該討回公道，但我媽說，他還不到二十歲，不要給人家留前科，他以後還有很長的路要走，我們又不是吃不了這個虧。我聽了以後就不插嘴了，我覺得我媽媽真的很厚道，也放得下恩怨，我應該跟她學。

後來也印證在我自己身上，當初我們在石碇廢棄茶園租鐵皮屋，那個房東喝醉了就剪掉我們的水電，還動不動就要我們再交房租什麼的，我們都是為了家裡的貓狗才忍受下來，寧可一笑置之，也不願跟他吵了。後來歐陽離世，這個人還要挾要立刻收回鐵皮屋，讓我焦頭爛額。

每次被房東鬧到很無助時，我就抄寫心經，而且把抄經功德迴向給房東，希望可以化解彼此的恩怨，最後卻也是這個房東，自願幫我照顧一些附近的流浪狗。他耍無賴時固然很討厭，但我們也沒跟他對立或是對簿公堂，他最後也展現了善意，想想，如果我們有能力，還是多付出善意比較好，世界上才能有善的循環。

因此我媽走後，我就留那只斷掉的玉鐲當作紀念。送走媽媽以後，我也更豁達了，根據《病主法》，我已經簽了DNR意願書，放棄維生醫療，我也簽了「大體捐贈卡」，提前規劃好這件人生大事，還能遺愛人間。

我也跟我媽一樣不忌諱談死亡，常常會談笑風生地討論身後大事。我女兒曾開玩笑地說：「阿母告別式的照片就要用年輕時穿比基尼的相片！」我大笑地回答：「那樣真的會嚇死人啦！」而我自己最喜歡春河劇團舞台劇《當我們同在一起》中時尚奶奶的造型，我期待穿著上天堂，團長郎祖筠爽快地答應到時候春河一定贊助我。我媽與歐陽選擇海葬，而我一定要環保花葬回歸大地。我每次提起如何辦特別的告別式時，很多朋友都會參與熱烈討論、要怎麼佈置，播放什麼音樂等等，感覺在企劃跨年特別節目似的。因為我打從心底覺得人生旅程的畢業典禮，一定要開開心心地辦派對。

# 分類回收大法

我們在生活中有很多長期累積的問題甚至是創傷，多數人不知道如何處理或者沒有勇氣面對，而選擇了掩蓋與逃避。就像貼上繃帶一樣，結果一層又一層的繃帶把問題藏在深處，視而不見也忘了它的存在，任由它默默地惡化。卻不知當心靈抵抗力衰弱時，創傷的反撲力道是讓人承受不了的。所以如何時時做好「心靈環保」是每個人必修的功課。

證嚴法師曾說：「請用你們鼓掌的雙手來做環保。」

每次慈濟有活動時，證嚴上人也都特別要跟環保志工見面，向他們表達感恩，可見上人有多重視環保工作。然而當我剛接觸慈濟時，我真是被瑣碎的分類工作煩死了。譬如回收垃圾中的卡式錄音帶，現在的年輕人可能不知道，卡式錄音帶，是裡面有磁帶盤的小塑膠匣子，拆開時要把小螺絲釘轉開，螺絲釘是金屬類，塑膠是一類，磁帶又是一類，光是拆開一個掌心大小的錄音帶，就要費上好一會兒工夫，但環保站裡面，還有一大堆可再生的物品被丟棄。

資深的老志工們說，做環保，是智慧與修行。

我也沒想到，就這樣做著做著，我心裡慢慢安穩下來，在環保站裡面，大家一起動手，把花花綠綠的塑膠、金屬、鐵罐等東西，分門別類地安置好，似乎也把身心安頓了，雖然我不知道具體是為什麼，只是很佩服那些有耐性、有資歷的老志工，跟著他們一點一點地做，做中學、做中覺。

接觸慈濟時，我已經吃素多年，當時我已經回到工作狀態，又開始有人找我拍戲、主持廣播節目。主持廣播節目就像重新上學一樣，我小時候不愛唸書，可是多虧了這個節目，我可以見到各方面領域的專家，不管是健康醫療也好，生活常識也好，這些專家來上節目，跟我們分享他們的專業，我受益良多，彷彿去上課還坐在最前排一樣，我變得很好學，常常發問，因為在節目中得到最及時的解答，還能跟聽眾分享新知，樂在其中。

但是在工作養家之外，我也一直想做些對社會公益有幫助的事，也是感恩當初幫助我度過難關的陌生人。所以在保護動物立法成功後，我接觸過許多關懷團體、荒野協會、保護野生動物基金會等等，一直到現在，除了在大愛台主持訪談節目、推廣素食，到花蓮的慈濟科技大學護理系當懿德媽媽、參與慈濟活動之外，我還繼續參與其他的公益團體活動。

我媽媽家是三代基督徒，她不上教堂，每天都會在家祈禱，她很喜歡慈濟的理念，支持我參與。弟弟也受我影響，跟我一起做慈濟志工。

後來我訪問大園空難時前去現場幫忙的慈濟志工，他們說，他們幫助家屬認領殘缺的遺體，也是用上了分類的辦法，先將人體的部位一一分類安放好，再註記特徵，以便遺族來認領，避免遺族重複尋找，又加重他們的心靈傷痛，就這樣，即使遺體支離破碎，也可以慢慢找回完整。我聽了很感慨，原來不管多麼複雜沈重的事，碰上這一個簡單的原則，也能找到圓滿解決的辦法。

其實我在很長一段時間裡，去輔導學生跟探訪受刑人時，都是在沒有任何學理基礎的情況下，只憑著熱情跟溫暖，去跟學生們、受刑人們見面，陪他們聊聊天說說話。有一天，有個年輕的孩子問我，既然我一直跟她說，要放下過往、要正面積極，那具體到底要怎麼做嘛？我被她一問，還真的被難倒了！我發現，雖然我想幫助她，我其實也沒有一套辦法是可以教她的。如果不是年輕孩子這麼直率地發問，我可能不會發現自己缺少了什麼。

民國一百年，我開始學習各種心理學，一直到接觸量子轉念引導技術，才驚喜地發現，原來量子轉念跟分類回收也一樣，量子轉念就是追溯身心曾經受過的傷，去釐清跟分析問題的來源，這並不是容易的事，因為我們在生活中有很多長期累積的問題，平常不去深入探究，可能就像貼上繃帶一樣，結果一層又一層的繃帶，把我們真正的問題藏在深處，表面看起來是些小問題、小事，但累積的痛苦很可能又會用別的樣子冒出來。所以分類大法就派上用場了，把情緒一一分類，找出它的來源，這樣慢慢就能歸根究底，更了解我們自己。

我在生活中不斷驗證量子轉念引導技術的好處，也一直沒停下學習的腳步，只要有開新課程，我都會一直去上課，並且常常在生活中使用學來的知識去幫助人。

我曾經在工作上認識一個很能幹的女性主管，她做事講究效率，也很聰明，而且她特別的欣賞我，對我的主持風格、工作態度，都讚賞有加，但我偏偏不太喜歡跟她相處，甚至一直避開她。她當然也感覺得到我對她有些冷淡，因為我跟大家都滿談得來，也常常有說有笑，只是對她我就不太能自在的相處。

這個女主管大概心裡有點受傷，她也很直爽，有一次就主動跟我說，艾珍姐，妳好像特別不喜歡我，我被她問的老臉一紅，好像被看穿了一樣，很不好意思。後來我就花了點時間，想清楚了，其實是因為她在工作上很強勢，對下屬很嚴格，因此有人做錯事她就破口大罵，然而我從小在父親那種無法控制情緒的家庭裡長大，對這種場面特別的不喜歡，她罵的人不是我，我在旁聽了，心裡卻也會隱隱作痛，我一直在迴避她，怕她的言行又觸動了我的內心，給我帶來那種受傷的感覺。

後來我就婉轉地跟她說，我比較欣賞能夠控制情緒、對待下屬有同理心的人。她聽了也不好意思，一直跟我說她會改。

還有一個年輕朋友，她是作建築設計的，但一直都沒賺到錢，我跟她相處下來，覺得她什麼都挺好的，也很勤奮，但事業為什麼會不順呢？我忍不住雞婆，就跟她約了喝杯咖啡，想跟她談一談，喝咖啡時，我們聊了很多，她講了一些生活上的事，我就繼續問下去，越問下去問題的根源越清楚，原來她心裡根深蒂固的，有一種討厭金錢的概念，似乎覺得有錢或是賺錢是罪惡的事。她自己卻不知道，其實就是這種意識阻止金錢流向她，我陪伴她回溯到當初造成這種意識的事件，重新面對及轉念，她也改變了心境——努力工作的自己值得擁有金錢！結果她的業績財富的確越來越好。

還有一次是發生在我們生活圈中，有一對夫妻，丈夫是個很優秀的人，後來卻因感情事件處理不當，演變成外遇，太太只能忍氣吞聲，默許丈夫持續這段婚外情。這段關係就一直處在隱忍跟不安中，我好氣，一看到他我就有氣！回家跟女兒抱怨，女兒卻一針見血說，誰有氣就是誰有問題，妳不要拿別人的錯來懲罰自己。

聽到這種話，我當然不是滋味，覺得很抵觸，但是我越想越有道理。其實他人的私生活，應該不會觸發我這麼強烈的憤怒，也許是因為我在原生家庭中有些沒澄清、沒平靜的痛苦，憤怒的情緒才會因為看見他們而湧上來。

其實我在寫書的過程中，也有一陣子深深沈浸在失落中，但我是不自覺的，因為出版社編輯採訪我、幫我整理錄音檔等等，我打開了過去的記憶，那幾個月剛好碰上疫情擴大，防疫升級，大家關在家裡，我沒出去工作，就時常跟女兒提起往事，把她煩透了，直到女兒向我抗議，吵著要跟我「分居」，我才警覺過來：啊！我過分沈溺在過去，而且被那種童年時期的無力感困住了，低落的情緒產生量子效應，影響了週邊的人。

我們對往事的遺憾常常都是無能為力的，所以被過往影響之後，我就有點打不起精神，幸好女兒在旁「大力」提醒了我，我很快的聯絡陳嘉堡老師，徵求他的意見，也開始找到調適的方法。可見如果只是不自覺地沈浸在過去的傷痛中，對我們現在的生活是沒有幫助的。必須有自覺、有意識地去回溯過往，否則只會任由情緒掌控我們。

我小時候很愛聽故事，每當長輩回憶陳年往事，我都會入神地聽下去，其他人一定會說：「我都聽幾百次了，不要再說了。」心情不好的時候，甚至大吼一聲說：「煩死了！不要再講了啦。」

將心比心，我也知道，老是聽老年人嘮嘮叨叨，一定很煩。我提倡大家可以學習替自己的情緒做分類與處理，放一段舒緩的音樂，或是選擇自己喜歡的香氣，在家選一個舒適的角落，靜靜的陪自己度過一些時間，這時就能把自己的情緒分類，再來面對、處理、放下。

每天抽出一點時間，安心地跟自己相處片刻，做一下心靈環保吧。

# 老來更健康

我曾經採訪過一個心理專家，她說，長壽的關鍵就是愛漂亮、能享受獨處、常常開懷大笑等等。

很多著名的長壽人士，都是隨心所欲的活著，想吃就吃，想睡就睡，按照自己開心的步調，不要過度勉強自己。

我生命中最快樂的老太太就是我媽，她什麼都能當笑話來講，性格也很叛逆，所以她一路從媽媽、當到祖母、甚至曾祖母，也不改本色，她除了自己叛逆，也滿鼓勵小孩做自己的。

我媽出身優渥，小時候家裡有很多幫佣的人，所以她不太會做家事，但那種富貴人家的小姐也不是好當的，我媽媽是一九二〇年（民國九年）出生的，民國已經明令不准纏腳了，但家裡的老人不信法令這一套，因為清朝也規定旗人不纏足，並且提倡漢人天足，但漢人還是一直有這種風氣。

我媽說，她的奶奶怕她以後會嫁不出去，硬要給她纏腳，她的媽媽（我外婆）也不敢不幫她纏，當時她才六、七歲，腳被纏起來，當然很痛啊。白天纏住了，讓奶奶看見，過關了，她晚上就把它解開，就這樣暗中反抗，到最後腳隨著她到處活動，一直長大，大到怎麼纏都沒用了，家裡的老人也就只好放棄。我媽很得意的說，她叛逆，讓其他的妹妹們也都受益了，後來家族裡面，比她小的女孩子就都沒纏腳，全都是天足。

我看我媽雙腳的外形上，的確有點怪怪的，但一點也不妨礙走路，那就是她抗爭後留下的痕跡。我媽不會燒菜，所以我們吃飯時能不能吃到好吃的飯菜，真的很看運氣，就像抽獎一樣，後來她常常燉肉，我們幾個孩子都很愛，因為這跟手藝好壞無關，算是我媽的拿手菜，我們當時在陽台的樓梯間弄了一個小廚房，可以開伙，我大弟端著紅燒肉，下樓的時候滑了一跤，我媽根本不問大弟有沒有受傷，反而真情流露地大喊一聲：「我的紅燒肉！」

大弟說永遠忘不了媽媽大喊紅燒肉的那一刻，到現在都還是我們家的經典笑話。幸好後來臺北開始流行訂餐，叫做「包飯」，有人會送餐過來，我們幾個終於不必碰運氣吃飯了！因為我媽媽的名言就是，想吃到好吃的飯菜，要看我的手氣，還有你們的運氣。

我小弟從小就跟媽媽分開住，一路都是在爸爸的洗腦下長大，剛開始同住時，他跟媽媽還不太親，兩人的感情跟一般母子不一樣，是同住後才慢慢培養的。我小弟很憨厚，之前跟爸爸住時，他念大安國中，一件褲子從前面破到後面，他沒人照顧，就還是穿著破褲去上學，不太懂得打理自己，沒要沒緊的，看在媽媽眼裡當然心疼。

後來回家同住，曾經出去幫忙買蛋，結果蛋沒買成，還摔坐在一筐蛋上面，一屁股都是壓壞的蛋，他還傻乎乎說：「怎麼辦？都完蛋了。」當然媽媽就只能把整筐蛋都買下來了。

小弟學業成績也不好，國中畢業後去汐止方曙高工住讀（現已遷校至桃園），我印象中第一次看我媽媽哭，就是我媽去看他宿舍，回來哭著說，「那裡環境真的不好，不能放小弟去那裡住。」我大吃一驚，沒料到我媽這麼好強的女人，竟然被小弟的住宿環境惹哭了？

我小弟反而一點也不在乎，一直說沒關係他可以適應，可是我媽捨不得，最後我小弟才換了學校，當年最憨慢的小弟，後來反而讀最多書，而且一直都在進修，最近在攻讀博士呢！我媽要是知道，不知道又要說什麼笑話了？

至於聰明又調皮的大弟，我媽媽也是給他很多空間，譬如高中畢業答應他先不去考大學，隨他玩一年，結果他去學了潛水，考上救生員執照，後來收心唸書參加聯考，去念航海，也過得很快樂，兩岸開放時，媽媽資助他到大陸創業，後來發達，他也照顧媽媽安享晚年。

我媽在教養子女上面，一直都不逼我們，只想要我們過得好而已，這也是我一直在學習的，我也努力不要管孩子的閒事，雖然為人父母，發自內心就是會有好多好多地方想管，這個也想管、那個也想管，但是我自己也當了媽媽，學到的就是，管越少越快樂，要把那些過多的念頭收伏起來，我媽在這點上做得就很好，她就算對我有不同意的地方，也不會強制去要求我什麼，頂多就是說兩句笑話，讓我知道她不同意啦。

我媽樂天開朗，又不怕談身後事，但她依然常為我們操心，我記得歐陽傑過世時，我妹也剛好做生意被騙，虧了很大一筆錢，我媽本來有一套梳頭保養的辦法，當時還擁有一頭黑髮，竟然在那幾天一下子白了大半，我知道她是為我們心痛，幸好她天性愛美，仍然認真梳頭，大部分的頭髮又慢慢黑了回來。

我媽說，一成不變的執著，只是讓自己痛苦。我自己是雙魚座的，我比較會在意人家的想法，歐陽靖是處女座的，從小心裡就會有一個格子、一個格子的，凡事都要在格子裡面整整齊齊才安心。我媽是射手座的，她很放手。我也是年紀大了才明白，媽媽這種精神很值得效法，到了我們這個年紀，更要多向她看齊，很多執著要學著放手。

除了我媽這個好榜樣，我也常常替自己發掘值得學習的對象，譬如在路上碰到把自己打理得很棒的銀髮族，要是我剛好有時間，我就會上前跟他們聊兩句，也許因為我是公眾人物，沒有陌生感，大家對我也比較願意敞開心房。就這樣，我收集了很多快樂老人的生活智慧。

譬如在捷運上，看到穿著別緻、從髮型到鞋襪手提包都非常好看的高齡女性，她可能比我大幾歲吧？我當下忍不住上前稱讚她，告訴她：「妳穿搭得好漂亮！真有品味！」還拿出手機，拍下她的風采，聽了我的真心稱讚，她顯然也很高興，我們聊了兩句以後，都帶著滿足的心情道別。

有時我帶著外孫出去，也常受到媽媽們、太太們的關心，大家聚在一起談談笑笑，交換一些自己的想法跟意見，大家都非常愉快。

反觀老先生們，聊天的內容就不一樣了，有個常跟我聊天的一位太太說，這些男人的談話內容都是想當年跟罵政府，每天在公園、廟口、榕樹下聚在一起，發表政見，難怪大家都說，這些老男人是地下立法委員。

這形容實在太貼切了，讓我笑個不停，的確一般男人都很愛高談闊論，但談的都不是自己的生活跟感受，常常是用國家大事來當作談論的主題，也不太會跟親近的家人伴侶談心。如果連親人都不容易讓他們放心地聊聊自己的心事，那豈不是太壓抑了呢？

我曾經採訪過一個心理專家，她說，長壽的關鍵就是愛漂亮、能享受獨處、常常開懷大笑等等。我想了想，發現我媽媽符合了好幾項條件，她我行我素，喜歡喝康貝特、可口可樂，放眼看世界上很多長壽的老人，都不是那種刻苦追求養生飲食的人，很多著名的長壽人士，都是隨心所欲的活著，想吃就吃，想睡就睡，按照自己開心的步調，不要過度勉強自己。

現在，我也踏入老境了，我只期許自己能追隨這些可愛的老人家的智慧，快樂有意義地度過每一天。

# 三聲福祿壽

敬老票通過捷運閘門、公車感應器的時候，會發出嗶嗶嗶三聲，很多老人說這是「三聲無奈」，我說不是！這哪有無奈呀？這是「三聲福祿壽」，是一種祝福的聲音。

身為演員，為了演出不同的角色，我一直保持著觀察人群的好習慣，平時在外頭走動，不論男女老少，我都會用心揣摩他們的外在表現、說話語氣等等，不同年齡的人有不同的習慣跟模樣，可以推測他們大概是什麼樣的身份、性格，天冷的時候走得很匆忙的太太，是不是急著去學校接孩子呢？在電影院外手拉手的情侶，是不是正在為了選片鬧彆扭呢？

不過這幾年來，我特別在意觀察的，就是身邊的老人家，我自從到花蓮去做家庭訪問拜訪了一些老先生老太太後，就開啟了我對老年族群的關心，畢竟我自己也慢慢意識到我也上了年紀囉。

其實，這本書誕生的契機，就是二〇二一年年初，大塊出版的郝明義先生跟阿靖的編輯到臺南出差，跟我們母女約在外頭吃飯。那天是平日，一邊用餐一邊觀察著餐廳裡的客人，我突然開口說：「你們看，這餐廳裡面，滿滿的都是老女人出來吃飯，老男人沒幾個！」

我們的話匣子就此打開，聊起老男人與老女人不同的生活方式，以及我對老年生活的看法，所以郝先生催著我一定要將我的想法寫出來，我答應之後，就在忙碌的工作中擠出零碎的時間與編輯們聊著自己的成長過程與回憶，人生過往的點點滴滴，還有我自己保持樂觀正向的一些心得。

據我觀察，大部份的女性們，都能掌握自己生活的節奏，即使上了年紀，仍然能過著很活躍、充實的生活。不止在餐廳，在百貨公司、觀光景點，都常常看到老太太們聚在一起用餐聊天、逛街、旅遊。

在慈濟的志工長者裡面，也幾乎都是師姐們，偶爾才有一個師兄，真是萬紅叢中一點綠呀。

那麼老男人們都躲在哪呢？有時在公園裡、涼亭下，就能發現他們的蹤跡，八十歲的老男人們談國共戰爭，六、七十歲的談當兵……哎！我發現老男人很喜歡講從軍往事，可以講幾天幾夜，津津有味地在講自己多英勇、體能多好。除此之外，就是在談政治，批評國家大事。總結來說，談話內容圍繞著兩大主題，一是想當年，二是罵政府，難怪會被笑稱是立法委員。

不過，這些出現在雜貨店門口、公園裡面談天的老先生，有同伴又愛出門，雖然聊天的話題千篇一律，但生活上倒是滿叫人放心，他們還有自己的社交活動嘛。叫人擔心的反而是我們在外頭見不到的那些年長者，如果兒女沒同住，或是同住的家人太忙碌，他們寧可窩著不動，像是從社會上消失一樣。

有個鄰居跟我聊天，說她爸爸退休以後，哪也不去，好像家裡多了一個大型傢俱，爸爸又不出門，又不跟朋友家人聯絡聊天，守著一個空蕩蕩的房子，她回家問爸爸：「爸你怎麼一直都在家？好像人形立牌一樣沒有換位置。」她爸爸竟回答，「我有動啊。我有走到陽台啊。」叫她聽了哭笑不得。

也許是退休後突然不知道怎麼過生活了吧？很多男人忙於工作，對自己的家反而是陌生的，退休後突然沒地方去了，在家不知道做什麼好，面臨了很大的危機，找不到生活的價值感，如果長期處於這種狀態，跟社會脫節，腦袋也很快就會退化。

自從手機普及以後，電話詐騙也變得越來越猖狂，受害的都是待在家裡、跟社會脫節的老人，尤其現在的智慧型手機、提款機，其實有很多隱藏的功能，對這些東西不熟悉的人，很可能就聽著電話裡的詐騙，跑去授權轉帳，把辛苦賺的錢白白送給騙子了。

我媽晚年，總是把打來的詐騙電話當消遣，裝瘋又裝傻，明知道人家是詐騙，還東拉西扯地亂扯一通，對方還以為能騙得過老太太，結果反而上了我媽的當，陪她聊了好久的天，然後一無所得。我媽還會興高采烈地跟我們炫耀她多麼機智。但是如果不是像我媽這樣「怪咖」的老先生、老太太，很可能就會上當。

對於這樣的老年族群，我們做子女的最好要多多陪伴，即使沒太多時間陪在身邊，也能利用現在科技的好處，跟長輩多說些話，最起碼，讓長輩知道有事可以視訊、打LINE電話跟可靠的人聯絡，才不會被那些低級的詐騙集團騙了。譬如最常見的一種詐騙，就是動不動就打給老人說，你的兒子欠了一大筆錢，快來幫他還債之類的。這樣利用長輩擔心子女的心情，非常糟糕。如果是感情比較疏遠的家庭，爸媽跟兒子聯絡比較少，說不定就真的上當了！但凡親子之間有個聯繫的管道，事情能馬上得到證實，又何至於會被騙呢？

其實，面對年老，也是四、五十歲的人都應該要提前做的功課，我們的第一步，就是先陪伴父母、長輩去整理過往，老一輩人很可能心裡都埋藏許多創傷印記，他們身心上的印記，也很容易影響家人，所以我們要把晚年當做澄清過往的好時機，如果能不帶個人情緒，就事論事地去理解父母當年的感受，整理年長者的創傷印記，年老體衰時，至少情緒要保持正面，同時，子女也能與父母和解，儘量做到不留遺憾。

如果子女的陪伴跟鼓勵，沒辦法幫到父母，那也不必灰心，因為這些努力依然可以幫到自己，我們每個人都會老的嘛！這就像是在提前預演自己的老年生活，大家可以事先規劃自己老後想過什麼樣的日子。

我小弟退休前過的日子，是公司內舉足輕重的主管，每天就是在工作，幸好，他退休前我就常邀他一起參與慈濟的志工工作。當時他也是從頭開始，也去上課，一開始先作保全志工，就是在活動進行中拿著指揮棒讓大家遵守秩序、引導人流，然後又學著清潔志工，打掃環境，洗廚房、搬垃圾。讓環境弄得亮晶晶，接著他又以「阿公」的年紀，去校園裡面輔導同學。

就是因為他在退休前，先進入一個互相幫助的團體，在這些很基礎的工作裡面，他一點一點找到成就感，價值感，所以我小弟退休後適應非常好，而且在當志工時，他已經先放下他在工作裡那種僵硬的上下關係，所以他退休後，在志工生活裡，不會有那種放不下身段的問題，而且，因為他一直接觸到新的人跟事，保持學習的心態，找到自己想做的事情，後來就考了博士班，開學前他還完成了他長久的夢想，騎著重機去環島，環島完剛好回花蓮開學。

志工只是一個可能的選項，任何正派的宗教、理念，都可以考慮，譬如環保團體、基督教團體，或是興趣、愛好，音樂欣賞、運動、繪畫、攝影、看風景，或是持續的學習、進修等等，這些都是能幫助我們維持穩定常態的生活的支持性團體。

老人還有一大課題要面對，那就是我們身邊的伴侶，也同時在凋零，要好的朋友不在了，對在世的人來說也是很孤寂的，何況是親友的離去，會讓長者感到更孤單。喪偶以後的老年男性，生活常常會一蹶不振，因為沒了老伴以後，他們就不知道自己該怎麼過，生活受到很大的衝擊，喪偶以後的女性，卻大部份能掌握自己的生活，把自己打理得很好。

我認識的幾個老太太就是一起去泡溫泉、學游泳，過得很愜意，然而她們人數也越來越少了，面對朋友的過世，我很佩服的是，她們依然很正向，也許到了這個年紀，親友的過世，最好當作像是同學先修完功課、先畢業一樣，我們只要懷著祝福就好了，不一定要有宗教信仰，也能夠正向去面對人生中的自然過程。

我搭計程車時總是很愛跟司機聊天，有位司機，他每次載到我，都會跟我聊他的人生哲學，他已經七十幾了，是中校退休，退休後，他拿了計程車執照，把開計程車當休閒，我很佩服他的是，他把自己打理得很好，而且他完全沒有那種養兒防老，想要倚靠子女的觀念，他甚至說，我們做長輩的就是應該把自己打理好，讓孩子過自己的生活！聽得我連連點頭。

在臺灣，年滿六十五歲，就能拿到敬老車票，我是冬天裡生的，恰好是年初過生日，滿六十五歲那年，我好興奮好期待呀！不斷地打聽，什麼時候能拿到我那張敬老票卡？翹首盼望了好久，終於在生日那個月份的第一天就拿到敬老卡。我身邊的大哥大姐們卻說：「哎喲，那有什麼好啊？」

敬老票通過捷運閘門、公車感應器的時候，會發出嗶嗶嗶三聲，他們說這是「三聲無奈」，我說不是！這哪有無奈呀？這是「三聲福祿壽」，是一種祝福的聲音。

像我們這種年代出生的小孩，人生的大半，都是為別人而活的，小時候要聽爸媽的話，長大後，要按照社會主流的想法做事，在婚姻、生育後，得負擔為人父母應盡的責任，在工作中，也礙於環境，無法完全地實現自我。

如果以平均壽命來算，拿到敬老卡的我們，有幸來到最後三分之一的人生，現在終於可以為自己而活了！所以這張敬老卡，我拿在手裡感覺好幸福哦！只希望臺灣的長者們都能開開心心地活出自己。

臺灣未來會面臨全球最嚴重的高齡化問題，因為我們目前的社會福利不足以涵蓋所有的高齡者，少子化又讓問題加重，反正大家遲早都會變成高齡人口，所以年輕的讀者們，別忘了要超前部署，無論大家現在處在什麼生命階段裡面，都要提前關注這條人生必經之路哦！

mark 169

# 快樂女人不會老
## ──國民奶奶譚艾珍的瀟灑人生

作者｜譚艾珍
文字採訪整理｜盧慧心
責任編輯｜張晁銘
美術設計｜ Bianco Tsai
校對｜盧慧心

出版者｜大塊文化出版股份有限公司
台北市 105022 南京東路四段 25 號 11 樓
www.locuspublishing.com
讀者服務專線｜ 0800-006689
TEL ｜ (02)87123898
FAX ｜ (02)87123897
郵撥帳號｜ 18955675
戶名｜大塊文化出版股份有限公司
法律顧問｜董安丹律師、顧慕堯律師


總經銷｜大和書報圖書股份有限公司
新北市新莊區五工五路 2 號
TEL：(02) 89902588
FAX：(02) 22901658

初版一刷｜ 2021 年 12 月
定價｜新台幣 380 元
ISBN ｜ 978-986-0777-67-3


快樂女人不會老 : 國民奶奶譚艾珍的瀟灑人生 / 譚艾珍作 . -- 初版 . -- 臺北市 : 大塊文化出版股份有限公司 , 2021.12 面； 公分
-- (mark ; 169)
ISBN 978-986-0777-67-3 ( 平裝 )

1. 譚艾珍 2. 自傳 3. 臺灣
783.3886 110018708